Sekundarstufe

Horst Hartmann

Die vier Fälle

NOMINATIV

GENITIV

DATIV

AKKUSATIV

Grundlagen der Grammatik verstehen und festigen

Die vier Fälle

Grundlagen der Grammatik verstehen & festigen

12. Auflage 2026

Inhalt: Horst Hartmann
Umschlagbilder: © Karoon Cha, volondoff & Marco2811 - AdobeStock.com
Redaktion: Kohl-Verlag
Grafik & Satz: Kohl-Verlag
Druck: farbo prepress GmbH, Köln

Bestell-Nr. 11 892

ISBN: 978-3-96040-019-6

Bildquellen:

Kapitel, Lösungen: © fotomek - fotolia.com; S. 6 © thodonal - fotolia.com; S. 7 © Artenauta - fotolia.com; S. 10 © denira - fotolia.com; S. 11 © Natalia Merzlyakova - fotolia.com; S. 12 © monticellllo - fotolia.com; S. 13 © picsfive - fotolia.com; S. 14 © Matthias Enter - fotolia.com; S. 15 © Vera Kuttelvaserova - fotolia.com; S. 17 © voren 1 - fotolia.com; S. 19, 20 © clipart.com; S. 21 © alotofpeople - fotolia.com; S. 22 © smspsy - fotolia.com; S. 23 © clipart.com; S. 24 © phive2015 - fotolia.com; S. 25 © clipoart.com; S. 27 © bannosuke - fotolia.com; S. 28 © Matthias Enter - fotolia.com; S. 31 © clipart.com; S. 32 © clipart.com; S. 33 © Sylwia Nowik - fotolia.com; S. 34 © santypan - fotolia.com; S. 35 © Sylwia Nowik - fotolia.com; S. 36 © Annett Seidler - fotolia.com © santypan - fotolia.com; S. 37 © Sylwia Nowik - fotolia.com; S. 38 © Annett Seidler - fotolia.com © santypan - fotolia.com; S. 40 © clipart.com; S. 41 © clipart.com; S. 42 © Fiedels - fotolia.com

Kontakt: Kohl-Verlag, An der Brennerei 37-45, 50170 Kerpen
Tel: +49 2275 331610, Mail: info@kohlverlag.de

Der vorliegende Band ist eine Print-Einzellizenz

Sie wollen unsere Kopiervorlagen auch digital nutzen? Kein Problem – fast das gesamte KOHL-Sortiment ist auch sofort als PDF-Download erhältlich! Wir haben verschiedene Lizenzmodelle zur Auswahl:

	Print-Version	PDF-Einzellizenz	PDF-Schullizenz	Kombipaket Print & PDF-Einzellizenz	Kombipaket Print & PDF-Schullizenz
Unbefristete Nutzung der Materialien	x	x	x	x	x
Vervielfältigung, Weitergabe und Einsatz der Materialien im eigenen Unterricht	x	x	x	x	x
Nutzung der Materialien durch alle Lehrkräfte des Kollegiums an der lizenzierten Schule			x		x
Einstellen des Materials im Intranet oder Schulserver der Institution			x		x

Die erweiterten Lizenzmodelle zu diesem Titel sind jederzeit im Online-Shop unter www.kohlverlag.de erhältlich.

Inhalt

Inhalt

Vorwort & Methodisch-didaktische Hinweise

Liebe Kolleginnen und Kollegen,

die vier Fälle dienen in der deutschen Sprache in erster Linie dazu, die verschiedenen Satzteile zu erkennen und zu unterscheiden. Sie sollen den Schülern verdeutlichen, wo das Subjekt und wo die verschiedenen Objekte in einem Satz stehen. Mit den Fragen „Wer?" – „Wessen?" – „Wem?" – „Wen?" und „Was?" kann man fast jeden Gedankengang vernünftig ausdrücken. Natürlich gibt es auch noch andere Fragen – aber darauf geben die Fälle keine Antwort. Die Fälle sind also im Prinzip nur die Deklinationsformen der einzelnen Wörter.

Mit dieser Deklination der Nomen werden die Schüler meistens erstmals in der 4. Klasse konfrontiert.

Die Übungen in diesem Heft sind zur Auffrischung & Wiederholung geeignet.
Die einzelnen Arbeitsblätter erklären jeden Fall, geben Beispiele und liefern Übungen in verschiedenen Schwierigkeitsstufen. Die Niveaustufen sind unterteilt in:

⊙ Grundniveau

! mittleres Niveau

✶ erweitertes Niveau

Abschließend werden alle Fälle gemeinsam geübt.

Zur Erleichterung der Arbeitskontrolle und zur Selbstkontrolle findet man am Ende entsprechende Lösungen oder Lösungsmöglichkeiten.

Viel Freude und Erfolg beim Einsatz der vorliegenden Kopiervorlagen wünschen Ihnen der Kohl-Verlag und

Horst Hartmann

Symbole: ⊙ Grundlegendes Niveau ! Mittleres Niveau ✶ Erweitertes Niveau

Nomen

Ein Nomen (Substantiv, Hauptwort, Dingwort) bezeichnet Gegenstände (das Haus) und Lebewesen (der Mensch) ebenso wie abstrakte Dinge (die Liebe) und Namen (Natascha).

Nomen werden großgeschrieben.

Das Geschlecht entscheidet

Das biologische Geschlecht (Genus) lässt sich meistens recht einfach bestimmen: Der Mann ist männlich (maskulin) und die Frau ist weiblich (feminin).

Doch bei anderen Nomen ist das nicht ganz so einfach. Da gibt es nämlich 3 Geschlechter. Neben dem männlichen (Maskulinum) und dem weiblichen Geschlecht (Femininum) gibt es auch noch das sächliche Geschlecht (Neutrum). Das Geschlecht eines Nomens erkennt man am Artikel. Wobei das sächliche Geschlecht nicht immer etwas mit einer Sache zu tun haben muss.

Beispiel: Das Kind kann – rein biologisch betrachtet – **männlich** (Junge) oder **weiblich** (Mädchen) sein. Als Nomen ist es aber **sächlich** – Neutrum also.

Oder: Das Mädchen ist biologisch eindeutig **weiblich** – als Nomen betrachtet aber **sächlich**.

Du solltest also die Nomen immer gleich zusammen mit dem Artikel lernen, da es nur ganz wenige Hinweise auf das Geschlecht gibt.

Männliche Nomen:

- Alle Nomen mit der Endsilbe -**ling**. (**der** Feig**ling**, **der** Lehr**ling**, **der** Schmetter**ling**, **der** Lieb**ling**, **der** Winz**ling** ...)
- Jahreszeiten (**der** Frühling, **der** Sommer, **der** Herbst, **der** Winter)
- Monate (**der** Januar, **der** Februar, **der** März ...)
- Wochentage (**der** Montag, **der** Dienstag, **der** Mittwoch ...)
- Tageszeiten (**der** Morgen, **der** Mittag, **der** Nachmittag, **der** Abend – aber: **die** Nacht!)
- Himmelsrichtungen (**der** Osten, **der** Westen, **der** Norden, **der** Süden)
- Wetter (**der** Schnee, **der** Regen, **der** Wind ... aber: **die** Sonne!)

Weibliche Nomen:

- Alle Nomen mit den Endsilben
- **-heit** (**die** Frech**heit**, **die** Wahr**heit**, **die** Gelegen**heit** ...)
- **-keit** (**die** Freundlich**keit**, **die** Fröhlich**keit**, **die** Übel**keit** ...)
- **-schaft** (**die** Herr**schaft**, **die** Mann**schaft**, **die** Wissen**schaft** ...)
- **-ung** (**die** End**ung**, **die** Untersuch**ung**, **die** Zeit**ung** ...)

Nomen

⊙ ! ✶

Sächliche Nomen:

- Alle Nomen mit den Endsilben -**chen** (**das** Mäd**chen**, **das** Mär**chen** ...) und der Verniedlichungsform -**lein** (**das** Fräu**lein**, **das** Büch**lein** ...)
- Alle Farben (**das Blau**, **das Gelb**, **das Rot** ...)
- Alle substantivierten Verben (**das Schreiben**, **das Rechnen**, **das Lesen** ...)

Zusammengesetzte Nomen:

- Bei zusammengesetzten Nomen richtet sich das Geschlecht immer nach dem zweiten Wortstamm.
- Beispiel: Das Fahrrad, **der** Schlüssel = **der** Fahrradschlüssel
- Der Geburtstag, **die** Karte = **die** Geburtstagskarte

Auf die Menge kommt es an

Fast alle Nomen gibt es in der **Einzahl (Singular)** und in der **Mehrzahl (Plural)**.

Ausnahmen:

Nur im **Singular** gibt es:

- **Sammelbegriffe** (das Gepäck, das Getreide, das Vieh, der Schmuck ...)
- **Begriffe, die man nicht zählen kann** (der Regen, der Schnee, das Wasser ...)
- **Einige abstrakte Begriffe** (der Mut, die Treue, die Liebe, das Vertrauen ...)

Nur im **Plural** gibt es:

- **Einige geografische Begriffe** (die Kanaren, die Alpen, die USA ...)
- **Sammelbegriffe** (die Ferien, die Unkosten, die Leute, die Eltern, die Lebensmittel, die Röteln ...)

Aufgabe 1: *Bildet kleine Gruppen. Einer sagt in Gedanken leise das A-B-C auf. Ein anderer sagt irgendwann laut „STOPP!". Alle tragen nun mit dem Buchstaben, bei dem gestoppt wurde, möglichst viele Begriffe in die Tabelle ein. Die Schreibzeit und die Anzahl der Runden wird vorher festgelegt. Für jeden richtigen Begriff bekommt man einen Punkt. Hat man einen Begriff als Einziger gefunden, wird die Punktzahl dafür verdoppelt. Übertragt die Tabelle auf ein Blatt.*

Endung -ling	Endung -heit	Endung -keit	Endung -schaft	Endung -ung	zusammengesetzte Nomen	abstrakte Nomen

Von Fall zu Fall

⊙ ! ✶

Der Kasus Knaxus

Die deutsche Sprache kennt 4 Fälle. Der lateinische Begriff für Fall heißt Kasus oder Casus.

1. Fall: Nominativ
2. Fall: Genitiv
3. Fall: Dativ
4. Fall: Akkusativ

Alle Nomen können in diesen 4 Fällen vorkommen. Das nennt man **Deklination** (Beugung). Dabei verändern die Nomen ihre Endungen. Man unterscheidet zwischen starker Beugung, schwacher Beugung und gemischter Beugung. Diese Unterschiede erkennt man im Plural und/oder im Genitiv Singular.

Starke Beugung: Die Nomen bilden im Plural aus dem Vokal einen Umlaut (a-ä, o-ö, u-ü, au-äu). Im Genitiv Singular enden die starken männlichen und neutralen Nomen auf -es.

Schwache Beugung: Die Nomen enden im Plural auf -en.

Gemischte Beugung: Die Nomen haben Teile der starken und der schwachen Beugung. Man muss diese Deklinationen auswendig lernen.

Wer nicht fragt, bleibt dumm!

Wie ich ein Nomen beugen muss, hängt überwiegend von dem Verb ab, zu dem es gehört. Wenn ich von dem Verb ein passendes Fragewort ableite, dann weiß ich, in welchen Fall ich das Nomen beugen muss.

Beispiel: lesen.

Wenn ich wissen möchte, „wer?“ liest, dann frage ich nach dem Nominativ.

Zu dem Verb **lesen** passen auch die Fragewörter **„wen?“** oder **„was?“** (lese ich). Damit frage ich nach dem Akkusativobjekt.

Beispiel: geben.

Wenn ich wissen möchte, „wer?“ gibt, dann frage ich nach dem Nominativ.

Zu dem Verb **geben** passen ebenfalls die Fragewörter **„wen?“** oder **„was?“** (gebe ich). Damit frage ich nach dem Akkusativobjekt.

Zu **geben** passt aber auch das Fragewort **„wem?“** (gebe ich etwas). Damit frage ich nach dem Dativobjekt.

Aus diesen Fragen heraus bestimme ich den Fall, in den ich das Nomen beugen muss.

Frageworte	Fall
Wer? Was?	Nominativ (1. Fall)
Wessen?	Genitiv (2. Fall)
Wem?	Dativ (3. Fall)
Wen? Was?	Akkusativ (4. Fall)

3 Der Nominativ

Der **Nominativ** ist der **1. Fall**. Man nennt ihn auch „Wer-Fall“.

Bei Lebewesen fragt man nach dem Nominativ „wer?“, bei Gegenständen hingegen lautet die Frage „was?“

Im Satz bildet der Nominativ immer das Subjekt, also die handelnde Person.

Geschlecht	Nomen	Fragewort	Singular	Plural
Maskulinum (m)	der (ein) Mann	wer?	der (ein) Mann	die Männer
	der (ein) Ball	was?	der (ein) Ball	die Bälle
Femininum (f)	die (eine) Frau	wer?	die (eine) Frau	die Frauen
	die (eine) Hand	was?	die (eine) Hand	die Hände
Neutrum (n)	das (ein) Kind	wer?	das (ein) Kind	die Kinder
	das (ein) Auto	was?	das (ein) Auto	die Autos

Aufgabe 1: *Ergänze die Tabelle.*

m, f oder n?	Nomen	Frage	Singular	Plural
n	***Haus***	***was?***	***das (ein) Haus***	***die Häuser***
f	Familie	wer?	die (eine) Familie	
	Tisch			die Tische
m		was?	der (ein) Laden	
	Stadt			die Städte
m			der (ein) Lehrer	
	Land			die Länder
n	Auto	was?		
			die (eine) Welt	
	Verkäuferin			die Verkäuferinnen
		was?	der (ein) Urlaub	
	Fahrrad			die Fahrräder
			der (ein) Bus	
f		wer?		die Mütter
	Straße		die (eine) Straße	
		was?		die Geschäfte
f	Tür			
		wer?		die Torwarte

Der Nominativ

Aufgabe 2: *Setze die Begriffe an den richtigen Stellen in die Sätze ein.*

					das Mädchen
das Wetter	ein Auto	die Fußgänger	die Sonne	ein Sonntag	das Wetter
die Mutter	das Shirt	der Sonntag	der Hund	das Mädchen	der Tisch
die Marmelade	die Familie	ihre Schwester	die Brötchen	die Vögel	Schwester

Ein wunderschöner Sonntag

_____ __________________ ist super. _____ __________________ lacht vom Himmel und _____ __________________ trällern ein Liedchen. _____ __________________ guckt aus dem Fenster und freut sich. _____ __________________ wartet neben ihm und bellt freudig. _____ __________________ kommt viel zu schnell um die Kurve gefahren. _____ __________________ weichen ängstlich zurück.

„Chantal", ruft _____ __________________, „kommst du bitte zum Frühstück hinunter?" _____ __________________ schließt das Fenster und rennt die Treppe runter. _____ __________________ ist schon gedeckt und _____ __________________ duften verführerisch. „So beginnt _____ wunderschöner __________________", denkt Chantal. Nur _____ __________________ Vicky guckt etwas brummig, weil _____ __________________ nämlich direkt auf ihrem Shirt gelandet ist. _____ ganze __________________ kann sich ein Lachen nicht verkneifen. Chantal's große __________________ nimmt es mit Humor, steht auf und rennt nach oben. _____ __________________ muss in die Wäsche. Und dann kann _____ __________________ endgültig beginnen.

Aufgabe 3: *Bestimme das Geschlecht und bilde den Plural.*

Beispiel: der Mann – (m) – die Männer

Der Hase ______________________________

Das Ohr ______________________________

Die Kuh ______________________________

Das Radio ______________________________

Der Fußball ______________________________

Küche ______________________________

Fernseher ______________________________

Handy ______________________________

Kopfhörer ______________________________

Der Nominativ

Aufgabe 1: *Ergänze die Tabelle.*

m, f oder n?	Nomen	Frage	Singular	Plural
n	***Haus***	***was?***	***das (ein) Haus***	***die Häuser***
f	Familie			
	Tisch	was?		
	Laden			die Läden
	Stadt		_____ (eine) Stadt	
	Lehrer	wer?		
n	Land			
	Auto			die Autos
	Welt		die (eine) Welt	
f	Verkäuferin			
	Urlaub	was?		
	Fahrrad		das (_____) Fahrrad	
	Bus			die Busse
	Mutter			_____ Mütter
	Straße	was?		
	Geschäft		_____ (ein) Geschäft	
f	Tür			
m	Torwart			

Aufgabe 2: *Finde die Artikel, bestimme das Geschlecht und bilde den Plural.*

Beispiel: der Mann – (m) – die Männer

Hase ____________________

Ohr ____________________

Kuh ____________________

Radio ____________________

Fußball ____________________

Küche ____________________

Fernseher ____________________

Handy ____________________

Kopfhörer ____________________

Der Nominativ !

Aufgabe 3: **a)** *Lies den Text.*

Ein wunderschöner Sonntag

Das Wetter ist super. Die Sonne lacht vom Himmel und die Vögel trällern ein Liedchen. Das Mädchen guckt aus dem Fenster und freut sich. Der Hund wartet neben ihm und bellt freudig. Ein Auto kommt viel zu schnell um die Kurve gefahren. Die Fußgänger weichen ängstlich zurück.
„Chantal", ruft die Mutter, „kommst du bitte zum Frühstück runter?" Das Mädchen schließt das Fenster und rennt die Treppe hinunter. Der Tisch ist schon gedeckt und die Brötchen duften verführerisch. „So beginnt ein wunderschöner Sonntag", denkt Chantal. Nur ihre Schwester Vicky guckt etwas brummig, weil die Marmelade nämlich direkt auf ihrem Shirt gelandet ist. Die ganze Familie kann sich ein Lachen nicht verkneifen. Die große Schwester nimmt es mit Humor, steht auf und rennt nach oben. Das Shirt muss in die Wäsche. Und dann kann der Sonntag endgültig beginnen.

b) Bestimme das Geschlecht der unterstrichenen Nomen und bilde jeweils den Singular und den Plural. Schreibe ins Heft.

Beispiel:
Das Wetter (Neutrum / Singular) – die Wetter (Plural)

Aufgabe 4: *Ergänze die fehlenden Subjekte.*

die Sonne	der Grill	Geschwister	die Bäume	Lars
seine Schwester	ein platter Reifen	sie	die Holzkohle	die Würstchen

Wurstalarm

Die beiden ____________________ lagen am wunderschönen Sonntag an einem Baggersee. ____________________ über ihnen spendeten genügend Schatten, obwohl ______________ heiß vom Himmel schien. ______________ hatte extra die Kühltasche mitgebracht, um die Getränke kühl zu halten. ____________________ Monia hatte einen Nudelsalat zubereitet. Nun fehlten nur noch ihre Freunde Elif und Timo, die sich um die Würstchen kümmern wollten. ______________ stand schon bereit. ____________________ glühte. Zum Glück war hier das Grillen erlaubt. Wo blieben denn nur die Würstchen, die Elif und Timo mitbringen wollten? Plötzlich entdeckten ____________________ Timo, der sein Rad schob. ____________________ hatte für die Verspätung gesorgt. Aber nun waren ____________________ ja da.

Der Nominativ

Aufgabe 1: *Ergänze die Tabelle.*

m, f oder n?	Nomen	Frage	Singular	Plural
n	*Haus*	*was?*	*das (ein) Haus*	*die Häuser*
	Familie			
	Tisch			
	Laden			
	Stadt			
	Lehrer			
	Land			
	Auto			
	Welt			
	Verkäuferin			
	Urlaub			
	Fahrrad			
	Bus			
	Mutter			
	Straße			
	Geschäft			
	Tür			
	Torwart			

Aufgabe 2: **a)** *Lies den Text.*

Ein wunderschöner Sonntag

Das Wetter ist super. Die Sonne lacht vom Himmel und die Vögel trällern ein Liedchen. Das Mädchen guckt aus dem Fenster und freut sich. Der Hund wartet neben ihm und bellt freudig. Ein Auto kommt viel zu schnell um die Kurve gefahren. Die Fußgänger weichen ängstlich zurück.

„Chantal", ruft die Mutter, „kommst du bitte zum Frühstück runter?" Das Mädchen schließt das Fenster und rennt die Treppe hinunter. Der Tisch ist schon gedeckt und die Brötchen duften verführerisch. „So beginnt ein wunderschöner Sonntag", denkt Chantal. Nur ihre Schwester Vicky guckt etwas brummig, weil die Marmelade nämlich direkt auf ihrem Shirt gelandet ist. Die ganze Familie kann sich ein Lachen nicht verkneifen. Die große Schwester nimmt es mit Humor, steht auf und rennt nach oben. Das Shirt muss in die Wäsche. Und dann kann der Sonntag endgültig beginnen.

Der Nominativ

b) Finde durch das Fragewort das Subjekt, bestimme das Geschlecht und bilde jeweils den Singular und den Plural.

Beispiel: Wer oder was ist super?

- das Wetter
  das Wetter (n / Singular) – die Wetter (Plural)

Suche nach diesem Beispiel die anderen Subjekte und schreibe ins Heft.

Aufgabe 3: *Setze folgende Nomen an den passenden Stellen in die Lücken ein.*

Frau Sprenger, er, Martin, Schüler, Arbeit, Mitschüler, Frau Sprenger, er, Martin, Spickzettel, Arbeit, Bücher, Mäppchen, Lösungen, Martin, Spickzettel, Martin, Herz, Ivan, Freund Ivan, er, sie, Heft, Blick

Der Spickzettel

Heute ist ________________ ziemlich nervös. Aber nicht nur ________________ - die ________________ sind ebenfalls aufgeregt, denn heute schreiben ________________ eine Mathearbeit. Genauer gesagt: eine Wiederholungsarbeit, denn die letzte ________________ war zu schlecht ausgefallen.

Gut gelaunt kommt ________________ in die Klasse und teilt die Hefte aus. Als sein ________________ vor ihm liegt, schaut ________________ vorsichtig in sein Schlampermäppchen. Alles klar – der ________________ liegt gut versteckt unter den Stiften. Ein erster ________________ auf das Arbeitsblatt und sein ________________ schlägt höher: Die ________________ dürften ja machbar sein. ________________ und sein ________________ haben genau diese Art von Aufgaben geübt. Und dann ist da ja noch sein ________________ .

________________ will gerade beginnen, da sagt ________________ :

„Alle ________________ und ________________ wandern jetzt bitte vom Tisch in eure Taschen."

Die ________________ folgen der Anweisung maulend. ________________ ist froh, dass ________________ und ________________ vorher geübt haben. Diese ________________ sollte jetzt auch ohne Spickzettel zu schaffen sein.

4 Der Genitiv

⊙ ! ★

Der Genitiv ist der 2. Fall. Man nennt ihn auch „Wessen-Fall“, weil man nach dem Genitiv mit „wessen“ fragt. Der Genitiv gibt also an, zu wem eine bestimmte Sache gehört. Im Satz bildet der Genitiv immer das Genitivobjekt.

Geschlecht	Nomen	Fragewort	Singular	Plural
Maskulinum (m)	der (ein) Mann	wessen?	des (eines) Mannes	der Männer
	der (ein) Ball	wessen?	des (eines) Balles	der Bälle
Femininum (f)	die (eine) Frau	wessen?	der (einer) Frau	der Frauen
	die (eine) Hand	wessen?	der (einer) Hand	der Hände
Neutrum (n)	das (ein) Kind	wessen?	des (eines) Kindes	der Kinder
	das (ein) Auto	wessen?	des (eines) Autos	der Autos

Aufgabe 1: *Setze die eingeklammerten Nomen in die richtige Genitivform.* ⊙

Fütterung der Raubtiere

Murat nimmt den Schlüssel (der Kaninchenstall) ______ ______________ vom Haken und rennt in den Garten. Er springt über den Zaun (das Gemüsebeet) ______ ______________. Am Rand (der Gartenteich) ______ ______________ rennt er nach links, weicht den Zweigen (der Kirschbaum) ______ ______________ aus und stoppt vor dem Stall, dessen Tür mit einem Vorhängeschloss gesichert ist. Am Ring (der Schlüsselbund) ______ ______________ sucht er den richtigen Schlüssel, mit dem er das Schloss (die Tür) ______ ______ öffnet. Mucki, sein Kaninchen, und Löffelchen, das Kaninchen (seine Schwester) ______ ______________, schnuppern am Grün (die Möhren) ______ ______________, die Murat in der Hand hält. Zuerst bekommt das Kaninchen (seine Schwester) ______ ______________ frisches Wasser. Der Napf (sein Tier) ______ ______ ist umgekippt und muss gereinigt werden. Murat gießt den Rest (das Wasser) ______ ______________ danach hinein, verschließt die Tür (der Stall) ______ ______________ wieder sorgfältig und geht zufrieden wieder ins Haus (sein Opa) ______ ______.

Der Genitiv

Aufgabe 2: **a)** *In diesem Suchsel sind 8 Nomen versteckt. Markiere sie farbig.*

R	M	J	U	N	G	E	O	L	W	H	W	P
E	B	I	T	H	E	V	O	H	M	A	F	U
H	A	H	H	T	N	B	C	U	C	S	K	Q
E	K	B	A	U	O	X	V	N	O	E	C	T
P	Z	F	L	J	W	V	L	D	Y	N	B	J
W	U	I	S	N	X	L	T	H	K	R	R	E
E	P	M	B	O	F	V	W	I	E	S	E	L
V	Y	U	A	Y	W	Q	N	O	G	B	V	M
P	C	F	N	D	A	A	U	Q	Y	O	N	A
A	A	M	D	U	L	P	X	L	E	I	N	E
R	H	W	O	B	D	I	J	P	D	D	G	H

b) *Übertrage die Tabelle in dein Heft/auf ein Blatt.*
Trage die markierten Begriffe mit dem bestimmten Artikel in die Tabelle ein.

Nomen	Genitiv Singular	Genitiv Plural
der Junge	*des Jungen*	*der Jungen*

Aufgabe 3: **a)** *Streiche die falschen Genitive durch.*

einer Frau – einer Mädchen – eines Gebetes – eine Maus – der Männers – des Auto – des Kinds – der Kinders – eines Mannes – den Autos

b) *Bilde die richtigen Genitive und schreibe alle Begriffe auf.*

____

____

____

____

4 Der Genitiv !

Aufgabe 1: *Setze folgende Nomen der Reihe nach im Genitiv in die Lücken ein.*

der Kaninchenstall, das Gemüsebeet, der Gartenteich, der Kirschbaum, die Tür, der Schlüsselbund, die Tür, seine Schwester, die Möhren, seiner Schwester, sein Tier, das Wasser, der Stall, sein Opa

Fütterung der Raubtiere

Murat nimmt den Schlüssel ________ ________________ vom Haken und rennt in den Garten. Er springt über den Zaun ________ ________________. Am Rand ________ ________________ rennt er nach links, weicht den Zweigen ________ ________________ aus und stoppt vor dem Stall, dessen Tür mit einem Vorhängeschloss gesichert ist. Am Ring ________ ________________ sucht er den richtigen Schlüssel, mit dem er das Schloss ________ ________ öffnet. Mucki, sein Kaninchen und Löffelchen, das Kaninchen ________ ________________, schnuppern am Grün ________ ________________, die Murat in der Hand hält. Zuerst bekommt das Kaninchen ________________ ________________ frisches Wasser. Der Napf ________________ ________________ ist umgekippt und muss gereinigt werden. Murat gießt den Rest ________ ________________ danach hinein, verschließt die Tür ________ ________________ wieder sorgfältig und geht zufrieden wieder ins Haus ________________ ________.

Aufgabe 2: **a)** *Formuliere die „Wessen-Frage" zu den in Aufgabe 1 eingefügten Nomen. Schreibe in dein Heft.*

Beispiel: *Frage: Wessen Schlüssel nimmt Murat?*
Murat nimmt den Schlüssel des Kaninchenstalles.

b) *Unterstreiche die entsprechenden Begriffe.*

Der Genitiv !

Aufgabe 3: *In diesem Suchsel sind 8 Nomen versteckt. Markiere sie farbig und trage sie dann mit dem bestimmten und dem unbestimmten Artikel in die Tabelle ein.*

Achte auf die Besonderheit im Plural.

R	M	J	U	N	G	E	O	L	W	H	W	P
E	B	I	T	H	E	V	O	H	M	A	F	U
H	A	H	H	T	N	B	C	U	C	S	K	Q
E	K	B	A	U	O	X	V	N	O	E	C	T
P	Z	F	L	J	W	V	L	D	Y	N	B	J
W	U	I	S	N	X	L	T	H	K	R	R	E
E	P	M	B	O	F	V	W	I	E	S	E	L
V	Y	U	A	Y	W	Q	N	O	G	B	V	M
P	C	F	N	D	A	A	U	Q	Y	O	N	A
A	A	M	D	U	L	P	X	L	E	I	N	E
R	H	W	O	B	D	I	J	P	D	D	G	H

Nomen	Genitiv Singular	Genitiv Plural
der / ein Junge	*des / eines Jungen*	*der Jungen*

Der Genitiv

!

Aufgabe 4: *Setze folgende Wörter der Reihe nach im Genitiv ein.*

sein Freund – mehrere Hasen – der Hund – der Wald – die Leine – die Hasen – der Junge – der Hund – sein Halsband – der Junge – einige Rehe – sein Freund

Der Jagdhund

Jürgen geht mit dem Hund ________ ________________ spazieren. Auf einer Wiese lugen die Ohren ______________ ________________ aus dem hohen Gras heraus. Als sie das Gebell ________ ________________ hören, flüchten die Hasen in das Unterholz ________ ________________. Die Schnur ______ ________________ spannt sich, als der Hund die Fährte ________ ________________ aufnimmt. Jetzt sind alle Kräfte ________ ________________ gefordert, um nicht umgerissen zu werden. Fast wäre der Kopf ________ ________________ aus der Schlaufe ________ ________________ herausgerutscht, doch das beherzte Eingreifen ________ ________________ verhindert das. Endlich bleibt der Hund stehen. Aber nur, um die Witterung ________ ________________ aufzunehmen. Und schon will er wieder losrennen. Jürgen ist sich sicher: Das war der letzte Ausflug, den er mit dem Hund ________ ________________ gemacht hat.

Aufgabe 5: *Trenne die Großbuchstaben, bilde von den Nomen den Genitiv Singular mit dem unbestimmten Artikel und schreibe ihn dann auf.*

GARTENTEICHGEMÜSEBEETKANINCHENSTALLKIRSCHBAUMMÖHRENOPA SCHLÜSSELBUNDSCHWESTERSTALLTIERTÜRWASSER.

____

____

____

____

____

4

Der Genitiv

Aufgabe 1: *Finde die 8 Nomen in dem Suchsel. Übertrage dann die Tabelle in dein Heft/deinen Ordner und trage die Nomen mit unbestimmtem Artikel dort ein. Achte auf die Besonderheit im Plural.*

R	M	J	U	N	G	E	O	L	W	H	W	P
E	B	I	T	H	E	V	O	H	M	A	F	U
H	A	H	H	T	N	B	C	U	C	S	K	Q
E	K	B	A	U	O	X	V	N	O	E	C	T
P	Z	F	L	J	W	V	L	D	Y	N	B	J
W	U	I	S	N	X	L	T	H	K	R	R	E
E	P	M	B	O	F	V	W	I	E	S	E	L
V	Y	U	A	Y	W	Q	N	O	G	B	V	M
P	C	F	N	D	A	A	U	Q	Y	O	N	A
A	A	M	D	U	L	P	X	L	E	I	N	E
R	H	W	O	B	D	I	J	P	D	D	G	H

Aufgabe 2: *Setze folgende Wörter der Reihe nach im Genitiv ein.*

sein alter Freund – mehrere kleine Hasen – der große Hund – der nahe Wald – die lange Leine – die flinken Hasen – der zierliche Junge – der riesige Hund – sein lockeres Halsband – der nervöse Junge – einige scheue Rehe – sein bester Freund

Der Jagdhund

Jürgen geht mit dem Hund __________ __________ __________ spazieren. Auf einer Wiese lugen die Ohren __________ __________ __________ aus dem hohen Gras heraus. Als sie das Gebell _____ __________ __________ hören, flüchten die Hasen in das Unterholz _____ __________ __________. Die Schnur _____ __________ __________ spannt sich, als der Hund die Fährte _____ __________ __________ aufnimmt. Jetzt sind alle Kräfte _____ __________ __________ gefordert, um nicht umgerissen zu werden. Fast wäre der Kopf _____ __________ __________ aus der Schlaufe __________ __________ __________ herausgerutscht, doch das beherzte Eingreifen _____ __________ __________ verhindert das. Endlich bleibt der Hund stehen. Aber nur, um die Witterung _____ __________ __________ aufzunehmen. Und schon geht es wieder los. Jürgen ist sich sicher: Das war der letzte Ausflug, den er mit dem Hund __________ __________ __________ gemacht hat.

Lernen mit Erfolg KOHL VERLAG Die vier Fälle – Bestell-Nr. 11 892

Der Genitiv

Aufgabe 3: *In diesen Sätzen sind die Genitivobjekte nicht nur rückwärts geschrieben, sondern stehen auch noch im Nominativ. Berichtige bitte.*

Verwandtschaft

Maria, die Freundin eniem retsewhcS __________ ____________________, möchte anlässlich rhi gatstrubeG __________ ____________________ die Verwandtschaft einladen. Sie überlegt: Der Vater niem retaV ____________ ____________________ ist mein Großvater (Opa). Die Mutter eniem rettuM __________ ______________ ist meine Großmutter (Oma). Soweit ok. Mein anderer Opa ist der Vater eniem rettuM __________ ______________. Und die Mutter niem retaV ______________ ______________ ist auch meine Oma. Aber jetzt? Die Brüder und Schwestern eniem nretlE __________ ______________ sind niem nessiW __________ ______________ meine Onkel und meine Tanten. Doch wie nennt man deren Kinder? Und wie nennt man die Kinder niem redurB __________ ______________? Und wenn ich eines Tages groß bin und heirate: Wie nennt man dann die Eltern niem rentrapehE ______________ ______________? Wegen seseid melborP __________ ______________ fasst Maria kurzerhand einen Entschluss: Sie wird ihren Geburtstag am Mittwoch etshcän ehcoW __________ ______________ nur mit ihren Freunden und den Freunden erhi ednuerF __________ ______________________ feiern. Dann hat sich das Lernen red muabmmatS __________ ______________________ nämlich erübrigt.

Aufgabe 4: **a)** *Setze die Silben zu zehn Berufen zusammen. Schreibe in dein Heft.*

arzt – bank – bo – cher – da – der – fe – frau – hel – kauf – kell – leh – ma – mau – ner – pfar – post – rer – rer – rer – rin – schnei – schuh – sol – te – tin

b) *Schreibe die zehn Berufe mit dem unbestimmten Artikel Genitiv Singular in dein Heft.*

5

Der Dativ

⊙ ! ★

Der Dativ ist der 3. Fall. Man nennt ihn auch „Wem-Fall“. Nach dem Dativ fragt man nämlich mit „wem?“

Im Satz bildet der Dativ immer das Dativobjekt.

In Verbindung mit den Präpositionen **von**, **nach**, **mit**, **zu**, **aus**, **bei**, **seit** steht immer der Dativ.

Geschlecht	Nomen	Fragewort	Singular	Plural
Maskulinum (m)	der (ein) Mann	wem?	dem (einem) Mann	den Männern
	der (ein) Ball	wem?	dem (einem) Ball	den Bällen
Femininum (f)	die (eine) Frau	wem?	der (einer) Frau	den Frauen
	die (eine) Hand	wem?	der (einer) Hand	den Händen
Neutrum (n)	das (ein) Kind	wem?	dem (einem) Kind	den Kindern
	das (ein) Auto	wem?	dem (einem) Auto	den Autos

Aufgabe 1: *Ergänze die Tabelle.* ⊙

***Achtung:** Bei 2 Nomen gibt es nur den Singular.*

Nomen	Artikel	Dativ Singular	Dativ Plural
Hamburger (m)	der / ein	dem Hamburger	den Hamburgern
Joghurt (m)			den Joghurts
	die / eine	der Milch	
			den Schokoladen
Wurst (f)		der Wurst	
Brot (n)	das / ein		
	der / ein	dem Käse	
	das / ein		den Schnitzeln
Kartoffel (f)		der Kartoffel	
	der / ein		den Säften

Aufgabe 2: *Bilde kurze Sätze und schreibe sie in dein Heft. Beachte, dass du das Verb und den Dativ entsprechend anpassen musst.*

a) Sandra – ihre Mutter – Blumenstrauß – schenken.

b) Mehmed – sein Vater – helfen.

c) Die Hellseherin – verraten – die alte Frau – die Zukunft.

d) Die Rucksacktouristin – geben – das letzte Geld – die Bedienung.

Der Dativ

Aufgabe 3: *Setze die Begriffe in den Klammern im Dativ in die Lücken ein.*

Das Geschenk

„Ich wünsche (du) __________ alles Gute zu (dein Geburtstag) __________ ________________." Chantal überreicht (ihr Freund) __________ ________________ ein kleines Päckchen. Er nimmt es (sie) __________ aus (die Hand) __________ ________________ und öffnet die Verpackung. Unter (das Papier) __________ ________________ kommt ein Kästchen zum Vorschein. (Er) __________ klopft das Herz bis zu (der Hals) ________________. Chantal hat (er) __________ noch nie ein Geschenk gemacht. Na ja – sie sind ja auch erst seit (der Schulausflug) __________ ________________ zusammen. Mit (zitternde Hände) ________________ ________________ öffnet er das Kästchen und sieht in (es) __________ einen Umschlag. Was mag da wohl drin sein? Chantal gibt (er) __________ einen Kuss auf die Wange. „Ich schenke (du) __________ 2 Eintrittskarten für das Musical, von (das) __________ du schon immer geschwärmt hast."
„Super!", jubelt er. „Da fahre ich dann mit (mein Freund) __________ __________ Micha hin!"
In (seine Freude) __________ __________ merkt er nicht, dass er Chantal mit (seine Bemerkung) __________ ________________ traurig gemacht hat. Eine kleine Träne kullert sogar aus (ihr Augenwinkel) __________ ________________.

Aufgabe 4: *Setze die Begriffe in den Klammern im Dativ in die Lücken ein.*

Natascha wohnt bei (ihre Eltern) ________________________________ in (ein kleines Dorf) ____.
Sie sieht nach (ein Bienenstich) ________________________________ schlimm entstellt aus.
Sie schickt (ihr Freund) ________________________________ deshalb ein älteres Foto von (sie) ____________________.
Natascha denkt: „Dieser kleine Schwindel tut (niemand) ________________________ weh – oder? In einigen Tagen sieht man ohnehin nichts mehr."

Der Dativ

!

Aufgabe 1: *Ergänze die Tabelle.*

***Achtung:** Bei 2 Nomen gibt es entweder nur den Singular oder nur den Plural.*

Nomen	Artikel	Dativ Singular	Dativ Plural
Hamburger (m)	der / ein	dem Hamburger	den Hamburgern
Joghurt (m)			
		der Milch	
			den Schokoladen
Wurst (f)			
Brot (n)			
		dem Käse	
			den Schnitzeln
Kartoffel (f)			
			den Säften

Aufgabe 2: *Setze folgende Begriffe an den passenden Stellen im Dativ in die Lücken ein.*

du – dein Geburtstag – ihr Freund – sie – die Hand – das Papier – er – der Hals – er – der Schulausflug – zitternde Hände – es – er – du – das – mein Freund – seine Freude – seine Bemerkung – ihr Augenwinkel

Das Geschenk

„Ich wünsche _______ alles Gute zu __________ _______________." Chantal überreicht __________ _______________ ein kleines Päckchen. Er nimmt es _______ aus _______ __________ und öffnet die Verpackung. Unter _______ _______________ kommt ein Kästchen zum Vorschein. _______ klopft das Herz bis zu __________. Chantal hat _______ noch nie ein Geschenk gemacht. Na ja – sie sind ja auch erst seit _______ _______________ zusammen. Mit _______________ _______________ öffnet er das Kästchen und sieht in _______ einen Umschlag. Was mag da wohl drin sein? Chantal gibt _______ einen Kuss auf die Wange. „Ich schenke _______ 2 Eintrittskarten für das Musical, von _______ du schon immer geschwärmt hast."

„Super!", jubelt er. „Dahin fahre ich dann mit __________ __________ Micha!" In _______________ _______________ merkt er nicht, dass er Chantal mit _______________ _______________ traurig gemacht hat. Eine kleine Träne kullert sogar aus __________ _______________.

5

Der Dativ

Aufgabe 1: *Ergänze die Tabelle mit folgenden Nahrungsmitteln:*

Joghurt, Milch, Schokolade, Wurst, Brot, Käse, Schnitzel, Kartoffel, Saft

Achtung: *Bei 2 Nomen gibt es entweder nur den Singular oder nur den Plural.*

Nomen	Artikel	Dativ Singular	Dativ Plural
Hamburger (m)	der / ein	dem Hamburger	den Hamburgern

Aufgabe 2: *In den nachstehenden Sätzen fehlen die Wörter im Dativ. In der zugehörigen Wortliste sind sie im Nominativ. Füge sie bitte richtig in den Text ein.*

du, dein vierzehnter Geburtstag, ihr Freund, sie, die Hand, das bunte Papier, er, der Hals, er, der letzte Schulausflug, zitternde Hände, es, er, du, das, mein bester Freund, seine große Freude, seine unüberlegte Bemerkung, ihr Augenwinkel

Das Geschenk

„Ich wünsche _____ alles Gute zu __________ __________ __________." Chantal überreicht __________ __________ ein kleines Päckchen. Er nimmt es _____ aus _____ __________ und öffnet die Verpackung. Unter _____ __________ __________ kommt ein Kästchen zum Vorschein. _____ klopft das Herz bis zu _______. Chantal hat _____ noch nie ein Geschenk gemacht. Na ja – sie sind ja auch erst seit _____ __________ __________ zusammen. Mit __________ __________ öffnet er das Kästchen und sieht in _______ einen Umschlag. Was mag da wohl drin sein? Chantal gibt _______ einen Kuss auf die Wange. „Ich schenke _____ 2 Eintrittskarten für das Musical, von _______ du schon immer geschwärmt hast." „Super!", jubelt er. „ Dahin fahre ich dann mit __________ __________ __________ Micha!" In _______ __________ __________ merkt er nicht, dass er Chantal mit _______ __________ __________ traurig gemacht hat. Eine kleine Träne kullert sogar aus _______ __________.

Der Akkusativ

Der Akkusativ ist der 4. Fall. Man nennt ihn auch „Wen-Fall“. Bei Lebewesen fragt man nach dem Akkusativ mit „wen?“, bei Gegenständen hingegen lautet die Frage „was?“

Im Satz bildet der Akkusativ immer das Akkusativobjekt.

In Verbindung mit den Präpositionen **um** – **für** – **gegen** – **durch** – **ohne** steht immer der Akkusativ.

Geschlecht	Nomen	Fragewort	Singular	Plural
Maskulinum (m)	der (ein) Mann	wen?	den (einen) Mann	die Männer
	der (ein) Ball	was?	den (einen) Ball	die Bälle
Femininum (f)	die (eine) Frau	wen?	die (eine) Frau	die Frauen
	die (eine) Hand	was?	die (eine) Hand	die Hände
Neutrum (n)	das (ein) Kind	wen?	das (ein) Kind	die Kinder
	das (ein) Auto	was?	das (ein) Auto	die Autos

Aufgabe 1: **a)** *In diesem Suchsel sind Nomen versteckt, wobei jedes etwas mit einer bestimmten Sportart zu tun hat. Markiere sie farbig.*
<u>Tipp</u>: es sind 7 Begriffe.

							H	X							
							I	G							
							V	E							
						B	N	G	Q						
						A	E	N	L						
U	F	O	U	L	V	S	U	E	E	Y	P	U	N	K	T
		E	R	U	U	K	C	R	S	U	K	J	W		
			F	W	E	E	Q	Y	V	S	R	W			
				F	P	T	K	K	K	I	D				
					O	B	P	O	E	E					
				W	S	A	N	R	P	G	L				
				U	X	L	S	B	P	G	X				
				R	P	L			W	R	R				
			B	F	O					F	J	N			
			Q									N			

b) *Welche Nomen hast du gefunden?*

____

____

____

____

____

____

____

c) *Um welche Sportart handelt es sich?* ______________________

d) *Trage die gefundenen Nomen mit dem bestimmten und dem unbestimmten Artikel in die Tabelle ein.*

Achtung: *Im Plural ist nur der bestimmte Artikel möglich!*

Nominativ	Akkusativ Singular	Akkusativ Plural

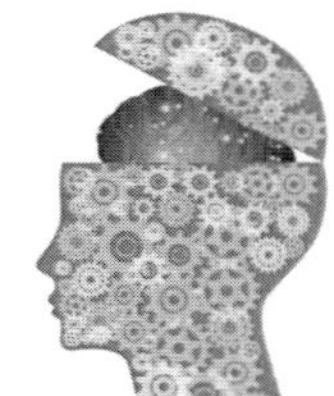

Aufgabe 2: *Setze die Begriffe in den Klammern im Akkusativ in die Lücken ein.*

Geschafft!

Frau Sprenger hatte (ein sehr anspruchsvoller Test) ______________________ ______________________ für (ihre Klasse) ______________________ zusammengestellt. Es ging um (ein Aufsatz) ______________________ zu vielen politischen Fragen. Ohne (gewissenhafte Vorbereitung) ______________________ ______________________ hätte Maria (der Test) ______________________ nie bestanden. Ihr Freund stellte sich jedoch für (ein Crash-Kurs) ______________________ durch (die Politik) ______________________ der letzten Jahre zur Verfügung. Sie diskutierten besonders über die (viele Menschen) ______________________, die gerade weltweit auf der Flucht waren. Gemeinsam beleuchteten sie (dieses Problem) ______________________ von allen Seiten. Ihr Freund hatte (der absolute Durchblick) ______________________ ______________________. Deshalb schaffte Maria (der Test) ______________________ ______________________ ohne (große Probleme) ______________________ ______________________.

6

Der Akkusativ

!

Aufgabe 1: *Lies den Text.*

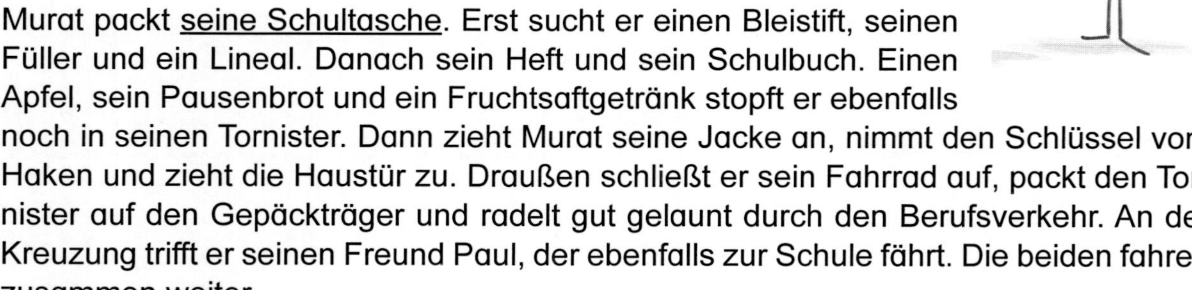

Der Schulweg

Murat packt seine Schultasche. Erst sucht er einen Bleistift, seinen Füller und ein Lineal. Danach sein Heft und sein Schulbuch. Einen Apfel, sein Pausenbrot und ein Fruchtsaftgetränk stopft er ebenfalls noch in seinen Tornister. Dann zieht Murat seine Jacke an, nimmt den Schlüssel vom Haken und zieht die Haustür zu. Draußen schließt er sein Fahrrad auf, packt den Tornister auf den Gepäckträger und radelt gut gelaunt durch den Berufsverkehr. An der Kreuzung trifft er seinen Freund Paul, der ebenfalls zur Schule fährt. Die beiden fahren zusammen weiter.

Als sie die Straße vor der Schule überqueren wollen, übersehen sie fast ein Auto, das viel zu schnell um die Ecke kommt. Paul zieht seinen Freund noch gerade rechtzeitig zurück. „Puuh – das war knapp!“ Ohne seinen Freund würde Murat jetzt wohl den Weg zum Krankenhaus antreten müssen. Während sie noch versuchen, den Schock zu überwinden, hören sie die Schulglocke. Den Rest des Weges legen sie schnell zurück, schieben die Fahrräder in den Fahrradhof und eilen in das Gebäude, denn auf einen Tadel von Herrn Drescher für das Zuspätkommen sind sie nicht besonders scharf.

a) *Unterstreiche jetzt alle Akkusativobjekte und die dazugehörigen Artikel bzw. Pronomen.*

b) *Trage die gefundenen Akkusativobjekte aus dem ersten Absatz mit dem bestimmten Artikel in die Tabelle ein.*

Achtung: *Bei einem Nomen kann es keinen Plural geben.*

Im Text	Nominativ	Akkusativ Singular	Akkusativ Plural
seine Schultasche	*die Schultasche*	*die Schultasche*	*die Schultaschen*
einen Bleistift			

Der Akkusativ

Aufgabe 1: **a)** *In diesem Suchsel sind Nomen versteckt, wobei jedes etwas mit einer bestimmten Sportart zu tun hat. Markiere sie farbig.*

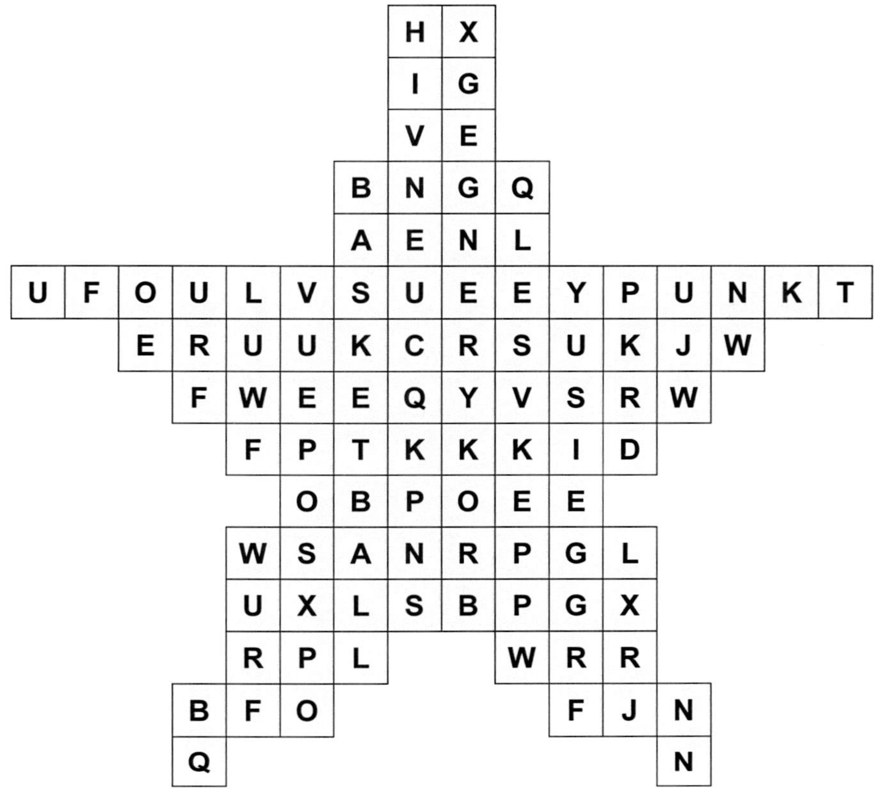

b) *Setze die gefundenen Nomen im Akkusativ in die Satzlücken ein. Überlege, ob ein Artikel sinnvoll ist.*

Murat und Michael spielen unheimlich gerne ________________. Beide spielen im Verein. Und heute haben sie einen besonders harten ________________. Es geht um den Aufstieg und sie brauchen ______ ________________ ganz dringend. Schaffen sie ________ ________, wäre die Meisterschaft nämlich sicher. Kurz vor Ende des letzten Viertels führt der Gegner mit 2 Punkten. War es das schon? Michael begeht ein taktisches ________, um die Uhr zu stoppen. Es sind noch 5 Sekunden zu spielen. Und der Gegner trifft ______ ________ nur einmal. 3 Punkte Rückstand. Im Gegenzug setzt Murat zu einem Wahnsinnsdreier an. Der Basketball findet den Weg in ______ ________________ und Murat wird bei dem Wurf auch noch gefoult.

Es steht unentschieden. Und Murat bekommt für ______ ________ auch noch 1 Freiwurf. Das ist seine Gelegenheit, ______ ________ des Jahres zu landen. Er konzentriert sich, trippelt ______ ________________ 3x auf den Boden und...? Unter dem Jubel der Zuschauer prallt der Ball auf den Ring des Korbes, springt hoch und fällt dann hinein. Der Sieg ist geschafft.

Dativ oder Akkusativ?

Es gibt Präpositionen, die sich sowohl mit dem Dativ als auch mit dem Akkusativ verbinden können:

an, auf, unter, über, hinter, vor, neben, zwischen, in

Aufgabe 1: *Setze den richtigen Artikel ein.*

Dativ		**Akkusativ**
Die Leiter steht an ______ Baum.	an	Ich stelle die Leiter an ______ Baum.
Das Buch liegt auf ______ Tisch.	auf	Ich lege das Buch auf ______ Tisch.
Der Teppich liegt unter ______ Tisch.	unter	Ich lege den Teppich unter ______ Tisch.
Die Lampe hängt über ______ Tisch.	über	Ich hänge die Lampe über ______ Tisch.
Die CD liegt hinter ______ Radio.	hinter	Ich lege die CD hinter ______ Radio.
Die CD liegt vor ______ Radio.	vor	Ich lege die CD vor ______ Radio.
Die CD liegt neben ______ Radio.	neben	Ich lege die CD neben ______ Radio.
Der Stift liegt zwischen ______ Büchern.	zwischen	Ich lege den Stift zwischen ______ Bücher.
Der Saft ist in ______ Glas.	in	Ich gieße den Saft in ______ Glas.

Aufgabe 2: *Dativ oder Akkusativ? Setze richtig ein.*
***Achtung:** In 2 Beispielen werden beide Fälle eingesetzt!*

Was tut man?	Präposition	Dativ	Akkusativ
sitzen, Stuhl	*auf*	*auf dem Stuhl sitzen*	
warten, Laterne	unter		
hängen, Haken	an		
gehen, Brücke	über		
stehen, Theke	hinter		
springen, Pfütze	in		
spannen, Kutsche	vor		
sitzen, Stühle	zwischen		
hängen, Bilder	neben		

Dativ oder Akkusativ?

!

Aufgabe 1: *Lies den Text. Achte auf die unterstrichenen Wörter. Bestimme, ob sie im Dativ oder im Akkusativ stehen (Dat.=Dativ; Akk.=Akkusativ).*

Festival-Sommer

Murat, Norbert, Tim, Manuela, Jasmin, Karin und Heike sind auf **dem größten Open-Air-Festival** (___) der Region. Ok, **die absoluten DJ-Superstars** (___) wie Avicii, Calvin Harris oder David Guetta bekommen sie bei **diesem Event** (___) nicht zu sehen, aber Größen wie Paul van Dyk und Robin Schulz sind ja auch nicht zu verachten.

Die sieben Freunde sind seit Jahren eine feste Clique. Gemeinsam waren sie in **einem Jugendlager** (___), gemeinsam sind sie für ein Wochenende zum Skilaufen gefahren. In der Schule werden sie nur „Die glorreichen 7“ genannt.

Und jetzt sind sie gemeinsam hier. Es ist ihr erstes Open-Air-Festival. Allerdings meint es der Wettergott nicht allzu gut mit **dem Veranstalter** (___) und **seinen Gästen** (___). Dicke, schwarze Wolken hängen über **dem Gelände** (___). In der Ferne grummelt ein Gewitter. „Ich hole uns noch frische Getränke“, meint Tim und verschwindet in Richtung Getränkeausgabe. Kaum ist er zurück, da prasselt auch schon der Regen nieder. Passenderweise spielt Robin Schulz gerade **einen großen Hit** (___). „Sun Goes Down“ dröhnt es aus **den Boxen** (___). „Wieso hast du eigentlich Getränke geholt?“, brüllt Murat gegen die Bässe an. „So wie das gerade schüttet, wären die Becher auch so ganz schnell voll geworden!“, grinst er. „Stimmt! Jetzt fehlt nur noch die passende Lichtshow!“ Als ob es sein Stichwort gewesen wäre, schickt der Wettergott **einen grellen Blitz** (___) in **einen Bühnenmasten** (___) – gefolgt von **einem fetten Knall** (___). Und dann wird es schlagartig dunkel und still. Anstelle der Musik und der Scheinwerfer gibt es nur noch Blitz und Donner. „Sun goes down“, meint Heike und nimmt **einen großen Schluck** (___) aus **ihrem Becher** (___). Nach etwa 30 Minuten ist der ganze Spuk vorbei, das Flutlicht geht wieder an und Robin Schulz spielt **seinen Welthit** (___) „Waves“.

„Waves? Na ja – ganz so schlimm ist das Wetter ja zum Glück doch nicht“, findet Jasmin und tanzt weiter **im knöcheltiefen Schlamm** (___).

Dativ oder Akkusativ?

Aufgabe 1: **a)** *Lies den Text.*

Festival-Sommer

Murat, Norbert, Tim, Manuela, Jasmin, Karin und Heike sind auf das größte Open-Air-Festival der Region. Ok, die absolute DJ-Superstars wie Avicii, Calvin Harris oder David Guetta bekommen sie bei dieses Event nicht zu sehen, aber Größen wie Paul van Dyk und Robin Schulz sind ja auch nicht zu verachten.

Die sieben Freunde sind seit Jahren eine feste Clique. Gemeinsam waren sie in ein Jugendlager, gemeinsam sind sie für ein Wochenende zum Skilaufen gefahren. In der Schule werden sie nur „Die glorreichen 7“ genannt.

Und jetzt sind sie gemeinsam hier. Es ist ihr erstes Open-Air-Festival. Allerdings meint es der Wettergott nicht allzu gut mit der Veranstalter und seine Gäste. Dicke, schwarze Wolken hängen über das Gelände. In der Ferne grummelt ein Gewitter. „Ich hole uns noch frische Getränke“, meint Tim und verschwindet in Richtung Getränkeausgabe. Kaum ist er zurück, da prasselt auch schon der Regen nieder. Passenderweise spielt Robin Schulz gerade ein seiner großen Hits. „Sun Goes Down“ dröhnt es aus die Boxen. „Wieso hast du eigentlich Getränke geholt?“, brüllt Murat gegen die Bässe an. „So wie das gerade schüttet, wären die Becher auch so ganz schnell voll geworden!“, grinst er. „Stimmt! Jetzt fehlt nur noch die passende Lichtshow!“ Als ob es sein Stichwort gewesen wäre, schickt der Wettergott ein greller Blitz in ein der Bühnenmasten – gefolgt von ein fetter Knall. Und dann wird es schlagartig dunkel und still. Anstelle der Musik und der Scheinwerfer gibt es nur noch Blitz und Donner. „Sun goes down“, meint Heike und nimmt ein großer Schluck aus ihr Becher. Nach etwa 30 Minuten ist der ganze Spuk vorbei, das Flutlicht geht wieder an und Robin Schulz spielt sein Welthit „Waves“.

„Waves? Na ja – ganz so schlimm ist das Wetter ja zum Glück doch nicht“, findet Jasmin und tanzt weiter in knöcheltiefer Schlamm.

b) *Finde die Fehler, unterstreiche sie und setze die Objekte in die richtigen Fälle. Schreibe den berichtigten Text in dein Heft.*

Die vier Fälle

Aufgabe 1: *Bestimme den Fall der unterstrichenen Satzteile.*

Disco

„Was hast du gesagt?“ Tom *(Nom.)* hat nichts verstanden. Die Bässe *(Nom.)* hämmern in sein Ohr *(Akk.)* wie ein Presslufthammer *(Nom.)*.

Lisa reckt sich hoch und brüllt Tom (_______) ins Ohr: „ Ich gehe mal eben zu den Toiletten!“ (_______) Tom streckt zustimmend den Daumen (_______) in die Höhe und nickt. Kurz sieht er seiner Freundin (_______) nach, die im Gewühl (_______) verschwindet. Dann wendet er sich wieder seinem Freund (_______) Robert zu. Der hat sich an einen Tisch (_______) gelehnt und versucht, mit 2 Mädels (_______) ein Gespräch (_______) zu beginnen. Verstehen kann man nichts. Tom winkt seinem Freund (_______) kurz zu und dann gehen beide an die Bar (_______). Robert deutet auf den Zapfhahn (_______) und reckt 2 Finger (_______) in die Luft. Der Typ hinter der Bar (_______) nickt und zapft 2 Bier (_______). Die beiden Freunde (_______) drehen sich um und betrachten die Leute (_______). Sie sind in einer Diskothek (_______). Der Dancefloor (_______) ist schon rappelvoll, obwohl es erst 23:30 Uhr ist. Die 3 sind so früh hier, weil sie noch nicht volljährig sind. Und im Jugendschutzgesetz (_______) steht leider, dass sie ab 0:00 Uhr öffentliche Veranstaltungen (_______) verlassen müssen. Fast hätten sie das Zeichen (_______) des Barmannes (_______), dass ihr Bier (_______) fertig ist, übersehen. Robert holt das Bier (_______), gibt dem Barmann (_______) die Verzehrskarte (_______) und dreht sich grinsend um.

Dabei rempelt er ein Mädchen (_______) an, welches hinter ihm (_______) steht. Ein halbes Glas Bier landet auf ihrem Top (_______). Robert entschuldigt sich bei dem Mädchen (_______), doch die lacht nur. „Klasse, dass du mir ein Bier (_______) ausgeben wolltest! Aber doch nicht so…“ Sie nimmt ihm (_______) das volle Glas (_______) aus der Hand, dreht sich um und verschwindet. Wie ein begossener Pudel steht Robert (_______) da. Tom kann sich vor Lachen kaum halten. Dann bestellt er bei dem Barmann (_______) 2 neue Bier. Lisa kommt zurück und sie genießen die letzte halbe Stunde (_______) in der Disco.

Die vier Fälle

Aufgabe 2: **a)** *Lies den Text.*

Inliner oder Longboard?

Steffi ist begeisterte Inlinerin. Immer, wenn sie etwas Zeit hat, fährt sie zum Skaterpark in der Nähe des Stadtparks. Besonders die Halfpipe hat es ihr angetan. Aber auch der Parcours mit den vielen unterschiedlichen Rampen ist Herausforderung pur. „Air“, „Grabs“ und „Spins“ hat sie schon ganz gut drauf, doch beim „Grinden“ schafft sie nie mehr als einen Meter.

Ihr großer Traum ist es aber, einmal einen Flip zu schaffen. „Ein Flip ist ein Salto beim Springen über eine Rampe“, erklärt sie ihrer Freundin Jana, die lieber auf dem Longboard unterwegs ist. Die beiden Freundinnen sitzen bei dem schönen Wetter draußen vor einem Eiscafe und lassen sich die Eisbecher schmecken.

„Wie wäre es, wenn wir unsere Sportgeräte mal tauschen würden?“, meint Jana mit vollem Mund. Steffi denkt über den Vorschlag nach. Fast alle Tricks, die man mit den Inlinern macht, kann man auch mit einem Longboard machen. Besonders die „Grabs“, bei denen man in der Luft mit der Hand an das Sportgerät greift, kommen beim Longboard bestimmt gut.

Die beiden diskutieren noch eine Weile hin und her und dann steht die Entscheidung: Morgen – direkt nach der Schule – geht es in den Skaterpark. Diesmal aber mit vertauschten Sportgeräten. Sie wollen es einmal ausprobieren und die Jungs werden sicher große Augen machen.

b) *Bestimme die unterstrichenen Satzteile und setze sie passend in die Tabelle ein.*

Nominativ	Genitiv	Dativ	Akkusativ
Steffi	*des Stadtparks*		

Die vier Fälle !

Aufgabe 1: *Setze die Begriffe an der richtigen Stelle in den Text ein.*

Bässe, sein Ohr, ein Presslufthammer, den Toiletten, Daumen, Freundin, beiden Freunde, Freund, Freund, Gewühl, einen Tisch, Mädels, Gespräch, die Bar, der Bar, Barmannes, dem Barmann, dem Barmann, den Zapfhahn, Finger, einer Diskothek, Dancefloor, Jugendschutzgesetz, Veranstaltungen, Zeichen, Bier, Verzehrskarte, Mädchen, ihm, ihm, ihrem Top, dem Mädchen, volle Glas, Hand, halbe Stunde

Disco

„Was hast du gesagt?" Tom hat nichts verstanden. Die ________ hämmern in ____________ ____________ wie ________ ______________________.
Lisa reckt sich hoch und brüllt Tom ins Ohr: „Ich gehe mal eben zu ______ ____________.
Tom streckt zustimmend den ____________________ in die Höhe und nickt. Kurz sieht er seiner ____________________ nach, die im ____________________ verschwindet. Dann wendet er sich wieder seinem ____________________ Robert zu. Der hat sich an ____________ ____________________ gelehnt und versucht, mit 2 ____________________ ein ____________________ zu beginnen. Verstehen kann man nichts. Tom winkt seinem ____________________ kurz zu und dann gehen beide an ____________ ____________. Robert deutet auf ____________ ____________________ und reckt 2 ____________ in die Luft. Der Typ hinter ____________ ____________ nickt und zapft 2 Bier. Die ____________ ____________ drehen sich um und betrachten die Leute. Sie sind in ____________ ____________. Der ____________________ ist schon rappelvoll, obwohl es erst 23:30 Uhr ist. Die 3 sind so früh hier, weil sie noch nicht volljährig sind. Und im ____________________ steht leider, dass sie ab 0:00 Uhr öffentliche ____________________ verlassen müssen. Fast hätten sie das ____________ des ____________________, dass ihr Bier fertig ist, übersehen. Robert holt das ____________, gibt ________ ______________________ die ____________________ und dreht sich grinsend um. Dabei rempelt er ein ____________________ an, welches hinter ____________ steht. Ein halbes Glas Bier landet auf ____________ ____________.
Robert entschuldigt sich bei ________ ____________________, doch die lacht nur. „Klasse, dass du mir ein Bier ausgeben wolltest! Aber doch nicht so…" Sie nimmt ________ das ____________ ____________ aus der ____________, dreht sich um und verschwindet. Wie ein begossener Pudel steht Robert da. Tom kann sich vor Lachen kaum halten. Dann bestellt er bei ____________ ____________ 2 neue Bier. Lisa kommt zurück und sie genießen die letzte ____________ ____________ in der Disco.

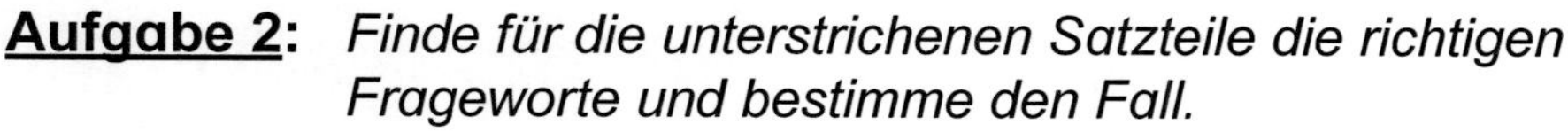

Aufgabe 2: *Finde für die unterstrichenen Satzteile die richtigen Frageworte und bestimme den Fall.*

Inliner oder Longboard?

Steffi (*Frage: wer? oder was? – Nom.*) ist begeisterte Inlinerin. Immer, wenn sie etwas Zeit hat, fährt sie zum Skaterpark in der Nähe des Stadtparks (Frage: ______ – ______). Besonders die Halfpipe (Frage: ______ – ______) hat es ihr angetan. Aber auch der Parcours mit den vielen unterschiedlichen Rampen ist Herausforderung pur. „Air", „Grabs" und „Spins" hat sie schon ganz gut drauf, doch beim „Grinden" schafft sie nie mehr als einen Meter (Frage: ______ – ______). Ihr großer Traum ist es aber, einmal einen Flip (Frage: ______ – ______) zu schaffen. „Ein Flip ist ein Salto beim Springen (Frage: ______ – ______) über eine Rampe", erklärt sie ihrer Freundin Jana (Frage: ______ – ______), die lieber auf dem Longboard (Frage: ______ – ______) unterwegs ist. Die beiden Freundinnen sitzen bei dem schönen Wetter (Frage: ______ – ______) draußen vor einem Eiscafe und lassen sich die Eisbecher (Frage: ______ – ______) schmecken. „Wie wäre es, wenn wir unsere Sportgeräte (Frage: ______ – ______) mal tauschen würden?", meint Jana mit vollem Mund (Frage: ______ – ______). Steffi denkt über den Vorschlag (Frage: ______ – ______) nach. Fast alle Tricks (Frage: ______ – ______), die man mit den Inlinern (Frage: ______ – ______) macht, kann man auch mit einem Longboard (Frage: ______ – ______) machen. Besonders die „Grabs", bei denen man in der Luft (Frage: ______ – ______) mit der Hand an das Sportgerät (Frage: ______ – ______) greift, kommen beim Longboard (Frage: ______ – ______) bestimmt gut. Die beiden diskutieren noch eine Weile hin und her und dann steht die Entscheidung (Frage: ______ – ______): Morgen – direkt nach der Schule (Frage: ______ – ______) – geht es in den Skaterpark. (Frage: ______ – ______). Diesmal aber mit vertauschten Sportgeräten (Frage: ______ – ______). Sie wollen es einmal ausprobieren und die Jungs (Frage: ______ – ______) werden sicher große Augen (Frage: ______ – ______) machen.

8 Die vier Fälle

Aufgabe 1: *Setze die Begriffe **in der richtigen Form** in den Text ein und bestimme den Fall.*

Bässe, sein Ohr, ein Presslufthammer, die Toiletten, Daumen, Freundin, Gewühl, Freund, ein Tisch, Mädels, Gespräch, Freund, die Bar, der Zapfhahn, Finger, die Bar, beide Freunde, eine Diskothek, Dancefloor, Jugendschutzgesetz, Veranstaltungen, Zeichen, Barmann, Bier, der Barmann, Verzehrskarte, Mädchen, er, ihr Top, das Mädchen, er, volles Glas, Hand, der Barmann, halbe Stunde.

Disco

„Was hast du gesagt?“ Tom hat nichts verstanden. Die Bässe *(Nom.)* hämmern in sein Ohr *(Akk.)* wie __________ ____________________ (______). Lisa reckt sich hoch und brüllt Tom ins Ohr: „ Ich gehe mal eben zu __________ __________ (______). Tom streckt zustimmend den __________ (______) in die Höhe und nickt. Kurz sieht er seiner __________ (______) nach, die im __________ (______) verschwindet. Dann wendet er sich wieder seinem __________ (______) Robert zu. Der hat sich an __________ ____________________ (______) gelehnt und versucht, mit 2 __________ (______) ein ____________________ (______) zu beginnen. Verstehen kann man nichts. Tom winkt seinem ____________________ (______) kurz zu und dann gehen beide an __________ __________ (______). Robert deutet auf __________ ____________________ (______) und reckt 2 __________ (______) in die Luft. Der Typ hinter __________ __________ (______) nickt und zapft 2 Bier. Die __________ __________ (______) drehen sich um und betrachten die Leute. Sie sind in __________ ____________________ (______). Der ____________________ (______) ist schon rappelvoll, obwohl es erst 23:30 Uhr ist. Die 3 sind so früh hier, weil sie noch nicht volljährig sind. Und im ____________________ (______) steht leider, dass sie ab 0:00 Uhr öffentliche ____________________ (______) verlassen müssen. Fast hätten sie das __________ (______) des ____________________ (______), dass ihr Bier fertig ist, übersehen. Robert holt das __________ (______), gibt ____________________ (______) die ____________________ (______) und dreht sich grinsend um. Dabei rempelt er ein __________ (______) an, welches hinter __________ (______) steht. Ein halbes Glas Bier landet auf __________ __________ (______). Robert entschuldigt sich bei __________ ____________________ (______), doch die lacht nur. „Klasse, dass du mir ein Bier ausgeben wolltest! Aber doch nicht so…“ Sie nimmt __________ (______) das __________ __________ (______) aus der __________ (______), dreht sich um und verschwindet. Wie ein begossener Pudel steht Robert da. Tom kann sich vor Lachen kaum halten. Dann bestellt er bei __________ ____________________ (______) 2 neue Bier. Lisa kommt zurück und sie genießen die letzte __________ ____________________ (______) in der Disco.

Die vier Fälle

Aufgabe 2: *Finde für die unterstrichenen Satzteile die richtigen Frageworte, bestimme den Fall und setze die richtige Form ein.*

Inliner oder Longboard?

Steffi ist begeisterte Inlinerin. Immer, wenn sie etwas Zeit hat, fährt sie zum Skaterpark in der Nähe (der Stadtpark/Frage: wessen? – Gen.) des Stadtparks. Besonders (die Halfpipe/Frage: ____________ – ______) ____________ hat es ihr angetan. Aber auch der Parcours mit den vielen unterschiedlichen Rampen ist Herausforderung pur. „Air", „Grabs" und „Spins" hat sie schon ganz gut drauf, doch beim „Grinden" schafft sie nie mehr als (ein Meter/Frage: ____________ – ____________) ____________.

Ihr großer Traum ist es aber, einmal (ein Flip/Frage: ____________ – ______) ____________ zu schaffen. „Ein Flip ist ein Salto bei (das Springen/Frage: ____________ – ______) ____________ über eine Rampe", erklärt sie (ihre Freundin Jana/Frage: ____________ – ______) ____________ ____________, die lieber auf (das Longboard/Frage: ____________ – ______) ____________ unterwegs ist. Die beiden Freundinnen sitzen bei (das schöne Wetter/Frage: ____________ – ______) ____________ draußen vor einem Eiscafe und lassen sich (die Eisbecher/Frage: ____________ – ______) ____________ schmecken.

„Wie wäre es, wenn wir (unsere Sportgeräte/Frage: ____________ – ______) ____________ mal tauschen würden?", meint Jana mit (voller Mund/Frage: ____________ – ______) ____________.

Steffi denkt über (der Vorschlag/Frage: ____________ – ______) ____________ nach. Fast (alle Tricks/Frage: ____________ – ______) ____________, die man mit (die Inliner/Frage: ____________ – ______) ____________ macht, kann man auch mit (ein Longboard/Frage: ____________ – ______) ____________ machen. Besonders die „Grabs", bei denen man in (die Luft/Frage: ____________ – ______) ____________ mit der Hand an (das Sportgerät/Frage: ____________ – ______) ____________ greift, kommen bei (das Longboard/Frage: ______________________ – _______) ______________________ bestimmt gut.

Die beiden diskutieren noch eine Weile hin und her und dann steht (die Entscheidung/Frage: ______________________ – _______) ______________________: Morgen – direkt nach (die Schule/Frage: ______________________ – _______) – ______________________ geht es in (der Skaterpark/Frage: ______________________ – _______) ______________________. Diesmal aber mit (vertauschte Sportgeräte/Frage: ______________________ – _______). ______________________. Sie wollen es einmal ausprobieren und (die Jungs/Frage: ______________________ – _______) ______________________ werden sicher (große Augen/Frage:______________________ – _______) ______________________ machen.

Aufgabe 3: *Bestimme den Fall der unterstrichenen Textstellen. Schreibe Nominativ = N, Genitiv = G, Dativ = D und Akkusativ = A in die Klammern.*

Freundschaft

Melanie (___) und **Sarah** (___) sitzen auf **einer Parkbank** (___) unter hohen Bäumen. **Die beiden** (___) sind beste Freundinnen. Und Melanie hat **ein Problem** (___): Sarah hat seit neuestem **einen Freund** (___) und deshalb **weniger Zeit** (___) für sie. „Du kümmerst **dich** (___) neuerdings kaum noch um **mich** (___).“, beschwert **Melanie** (___) sich. „Ach, Meli! Wir leben doch nicht mehr **im neunzehnten Jahrhundert** (___). In der heutigen Zeit kann man auch **mehrere Freunde** (___) gleichzeitig haben. Und **du** (___) bist und bleibst meine beste Freundin. Daran kann auch **Robin** (___) nichts ändern.“

Die beiden philosophieren über **den Begriff** (___) Freundschaft.

„Ein Freund oder eine Freundin muss **dir** (___) zuhören, mit **dir** (___) lachen, mit dir weinen und mit dir träumen“, findet **Sarah** (___). Melanie sieht **das** (___) etwas anders: „Eine gute Freundin muss immer für **dich** (___) da sein, sie muss mit **dir** (___) um die Häuser ziehen, sie darf nicht neugierig sein und sie muss helfen.“

Nach endloser Diskussion einigen sie sich auf **einen Kompromiss** (___): Ein wahrer Freund ist jemand, der alles stehen und liegen lässt und sofort bei **dir** (___) ist, wenn du **ihn** (___) brauchst.

„Melanies Freund ist eigentlich ganz ok“, denkt Sarah.

9 Ergänzende Übungen

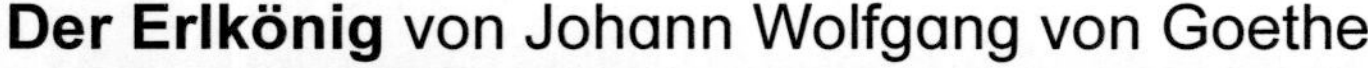

Aufgabe 1: *Ergänze die Tabelle.*

Der Erlkönig von Johann Wolfgang von Goethe

Text	Frage(n)	Antwort(en)
Wer reitet so spät durch Nacht und Wind?	Er reitet durch was?	Er reitet durch ______________ und ______________
Es ist der Vater mit seinem Kind	Wer ist es? Mit wem?	______________ ______________
Er hat den Knaben wohl in dem Arm	______________? ______________?	Er hat den Knaben in dem Arm.
Er fasst ihn sicher, er hält ihn warm	Wen hält er warm?	______________
„Mein Sohn, was birgst du so bang dein Gesicht?“	______________	Er birgt sein Gesicht.
„Siehst, Vater, du den Erlkönig nicht?	______________ ______________	Du siehst den Erlkönig nicht.
Den Erlenkönig mit Kron und Schweif?“	Den Erlkönig mit was?	______________ ______________
„Mein Sohn, es ist ein Nebelstreif.“	______________	Es ist ein Nebelstreif.

Aufgabe 2: *Fülle die Tabelle fertig aus.*

Nomen	Nominativ (Wer?)	Genitiv (Wessen?)	Dativ (Wem?)	Akkusativ (Wen?)
der Erlkönig		des Erlkönigs		
der Vater	der Vater			den Vater
ein Nebelstreif	ein Nebelstreif		einem Nebelstreif	
das Kind		des Kindes		das Kind
der Knabe	der Knabe		dem Knaben	

Ergänzende Übungen !

Aufgabe 1: *Stelle die richtigen Fragen und gib Antworten.*

Der Erlkönig von Johann Wolfgang von Goethe

Wer reitet so spät durch Nacht und Wind?

Frage: Er reitet durch **was?** – Antwort: Er reitet **durch Nacht und Wind**.

Es ist der Vater mit seinem Kind;

Frage 1: ____________________ Antwort: ____________________

Frage 2: ____________________ Antwort: ____________________

Er hat den Knaben wohl in dem Arm,

Frage 1: ____________________ Antwort: ____________________

Frage 2: ____________________ Antwort: ____________________

Er fasst ihn sicher, er hält ihn warm.

Frage: ____________________ Antwort: ____________________

„Mein Sohn, was birgst du so bang dein Gesicht?“

Frage: ____________________ Antwort: ____________________

„Siehst, Vater, du den Erlkönig nicht?

Frage: ____________________ Antwort: ____________________

Den Erlenkönig mit Kron und Schweif?“

Frage: ____________________ Antwort: ____________________

„Mein Sohn, es ist ein Nebelstreif.“

Frage: ____________________ Antwort: ____________________

Aufgabe 2: *Fülle die Tabelle fertig aus.*

Nomen	Nominativ (Wer?)	Genitiv (Wessen?)	Dativ (Wem?)	Akkusativ (Wen?)
der Erlkönig		des Erlkönigs		
der Vater				den Vater
ein Nebelst-reif			einem Nebel-streif	
das Kind		des Kindes		das Kind
der Knabe	der Knabe		dem Knaben	
die Nacht		der Nacht		
das Gesicht	das Gesicht			das Gesicht

9 Ergänzende Übungen

Aufgabe 1: *Setze die Begriffe in der richtigen Form in den Text ein und bestimme den Fall.*

> die Nacht, der Wind, der Vater, sein Kind, der Knabe, der Arm, dein Gesicht, der Erlkönig, ein Nebelstreif, der Vater, die Arme, das ächzende Kind, der Hof, seine Arme, das Kind

Der Erlkönig von Johann Wolfgang von Goethe

Wer reitet so spät durch ____________ und ______________ (Akk.)?
Es ist ______ Vater (______) mit ______________ Kind (______).
Er hat ______ ______________ (______) wohl in ______ Arm (______),
Er fasst ihn sicher, er hält ihn warm.

Mein Sohn, was birgst du so bang dein ______________ (______) ?
Siehst Vater, du ______________ ______________ (______) nicht!
Den Erlenkönig mit Kron' und Schweif?
Mein Sohn, es ist ______ ______________ (______).

______ Vater (______) grauset's, er reitet geschwind,
Er hält in ______ ______________ (______) das ______________Kind (______),
Erreicht ______ Hof (______) mit Mühe und Not,
In ______________ ______________ (______) ______ Kind (______) war tot.

Aufgabe 2: *Fülle die Tabelle fertig aus.*

Nomen	Nominativ	Genitiv	Dativ	Akkusativ
der Erlkönig		des Erlkönigs		
der Vater	der Vater			den Vater
ein Nebelst-reif	ein Nebelst-reif		einem Nebel-streif	
das Kind		des Kindes		das Kind
der Knabe	der Knabe		dem Knaben	
die Nacht		der Nacht	der Nacht	
das Gesicht	das Gesicht			das Gesicht
der Sohn	der Sohn		dem Sohn	
die Burg		der Burg	der Burg	die Burg

Die Lösungen

1 **Seite 7** **Aufgabe 1:** ⊙ ! ✶

Endung -ling	Endung -heit	Endung -keit	Endung -schaft	Endung -ung	zusammengesetzte Nomen	abstrakte Nomen
Findling, Säugling	Feinheit, Sicherheit	Fertigkeit, Sauberkeit	Feindschaft, Sippschaft	Firmung, Sättigung	Fahrradkette, Sonnenschirm	Frieden, Seele

3 **Seite 9** **Aufgabe 1:** ⊙

m, f oder n?	Nomen	Frage	Singular	Plural
n	***Haus***	***was?***	***das (ein) Haus***	***die Häuser***
f	Familie	wer?	die (eine) Familie	die Familien
m	Tisch	was?	der (ein) Tisch	die Tische
m	Laden	was?	der (ein) Laden	die Läden
f	Stadt	was?	die (eine) Stadt	die Städte
m	Lehrer	wer?	der (ein) Lehrer	die Lehrer
n	Land	was?	das (ein) Land	die Länder
n	Auto	was?	das (ein) Auto	die Autos
f	Welt	was?	die (eine) Welt	die Welten
f	Verkäuferin	wer?	die (eine) Verkäuferin	die Verkäuferinnen
m	Urlaub	was?	der (ein) Urlaub	die Urlaube
n	Fahrrad	was?	das (ein) Fahrrad	die Fahrräder
m	Bus	was?	der (ein) Bus	die Busse
f	Mutter	wer?	die (eine) Mutter	die Mütter
f	Straße	was?	die (eine) Straße	die Straßen
n	Geschäft	was?	das (ein) Geschäft	die Geschäfte
f	Tür	was?	die (eine) Tür	die Türen
m	Torwart	wer?	der (ein) Torwart	die Torwarte

Seite 10 **Aufgabe 2:** ⊙

Ein wunderschöner Sonntag

Das Wetter ist super. Die Sonne lacht vom Himmel und die Vögel trällern ein Liedchen. Das Mädchen guckt aus dem Fenster und freut sich. Der Hund wartet neben ihm und bellt freudig. Ein Auto kommt viel zu schnell um die Kurve gefahren. Die Fußgänger weichen ängstlich zurück. „Chantal", ruft die Mutter, „kommst du bitte zum Frühstück hinunter?" Das Mädchen schließt das Fenster und rennt die Treppe runter. Der Tisch ist schon gedeckt und die Brötchen duften verführerisch. „So beginnt ein wunderschöner Sonntag", denkt Chantal. Nur ihre Schwester Vicky guckt etwas brummig, weil die Marmelade nämlich direkt auf ihrem Shirt gelandet ist. Die ganze Familie kann sich ein Lachen nicht verkneifen. Chantal's große Schwester nimmt es mit Humor, steht auf und rennt nach oben. Das Shirt muss in die Wäsche. Und dann kann der Sonntag endgültig beginnen.

Seite 10 **Aufgabe 3:** ⊙

Beispiel: Mann – der (ein) Mann (m) – die Männer

Hase – der (ein) Hase (m) – die Hasen. Ohr – das (ein) Ohr (n) – die Ohren. Kuh – die (eine) Kuh (f) – die Kühe. Radio – das (ein) Radio (n) – die Radios. Fußball – der (ein) Fußball (m) – die Fußbälle. Küche – die (eine) Küche (f) – die Küchen. Fernseher – der (ein) Fernseher (m) – die Fernseher. Handy – das (ein) Handy (n) – die Handys. Kopfhörer – der (ein) Kopfhörer (m) – die Kopfhörer

Seite 11 **Aufgabe 1:** !

m, f oder n?	Nomen	Frage	Singular	Plural
n	***Haus***	***was?***	***das (ein) Haus***	***die Häuser***
f	Familie	wer?	die (eine) Familie	die Familien
m	Tisch	was?	der (ein) Tisch	die Tische
m	Laden	was?	der (ein) Laden	die Läden
f	Stadt	was?	die (eine) Stadt	die Städte
m	Lehrer	wer?	der (ein) Lehrer	die Lehrer
n	Land	was?	das (ein) Land	die Länder
n	Auto	was?	das (ein) Auto	die Autos
f	Welt	was?	die (eine) Welt	die Welten
f	Verkäuferin	wer?	die (eine) Verkäuferin	die Verkäuferinnen
m	Urlaub	was?	der (ein) Urlaub	die Urlaube
n	Fahrrad	was?	das (ein) Fahrrad	die Fahrräder
m	Bus	was?	der (ein) Bus	die Busse
f	Mutter	wer?	die (eine) Mutter	die Mütter
f	Straße	was?	die (eine) Straße	die Straßen
n	Geschäft	was?	das (ein) Geschäft	die Geschäfte
f	Tür	was?	die (eine) Tür	die Türen
m	Torwart	wer?	der (ein) Torwart	die Torwarte

Die Lösungen

3 **Seite 11** **Aufgabe 2:** !

Beispiel: Mann – der (ein) Mann (m) – die Männer
Hase – der (ein) Hase (m) – die Hasen. Ohr – das (ein) Ohr (n) – die Ohren. Kuh – die (eine) Kuh (f) – die Kühe. Radio – das (ein) Radio (n) – die Radios. Fußball – der (ein) Fußball (m) – die Fußbälle. Küche – die (eine) Küche (f) – die Küchen. Fernseher – der (ein) Fernseher (m) – die Fernseher. Handy – das (ein) Handy (n) – die Handys. Kopfhörer – der (ein) Kopfhörer (m) – die Kopfhörer

Seite 12 **Aufgabe 3:** !

b) Das Wetter (Neutrum/Singular) – die Wetter (Plural),

die Sonne (femininum/Singular) – die Sonnen (Plural), die Vögel (maskulinum/ Plural) – der Vogel (Singular), das Mädchen (neutrum/Singular) – die Mädchen (Plural), der Hund (maskulinum/Singular) – die Hunde (Plural), ein Auto (neutrum/Singular) – die Autos (Plural), die Fußgänger (maskulinum/Plural) – der Fußgänger (Singular), die Mutter (femininum/singular) – die Mütter (Plural), das Mädchen (neutrum/Singular) – die Mädchen (Plural), der Tisch (maskulinum/Singular) – die Tische (Plural), die Brötchen (neutrum/Plural) – das Brötchen (Singular), ein Sonntag (maskulinum/Singular) – die Sonntage (Plural), ihre Schwester (femininum/Singular) – die Schwestern (Plural), die Marmelade (femninum/Singular) – die Marmeladen (Plural), die Familie (femininum/Singular) – die Familien (Plural), die Schwester (femininum/Singular) – die Schwestern (Plural), das Shirt (neutrum/Singular) – die Shirts (Plural), der Sonntag (Maskulinum/Singular) – die Sonntage (Plural)

Seite 12 **Aufgabe 4:** !

Wurstalarm
Die beiden **Geschwister** lagen am wunderschönen Sonntag an einem Baggersee. **Die Bäume** über ihnen spendeten genügend Schatten, obwohl **die Sonne** heiß vom Himmel schien. **Lars** hatte extra die Kühltasche mitgebracht, um die Getränke kühl zu halten. **Seine Schwester** Monia hatte einen Nudelsalat zubereitet. Nun fehlten nur noch ihre Freunde Elif und Timo, die sich um die Würstchen kümmern wollten. **Der Grill** stand schon bereit. **Die Holzkohle** glühte. Zum Glück war hier das Grillen erlaubt. Wo blieben denn nur die Würstchen, die Elif und Timo mitbringen wollten? Plötzlich entdeckten **sie** Timo, der sein Rad schob. **Ein platter Reifen** hatte für die Verspätung gesorgt. Aber nun waren **die Würstchen** ja da.

Seite 13 **Aufgabe 1:** ✶

m, f oder n?	Nomen	Frage	Singular	Plural
n	*Haus*	*was?*	*das (ein) Haus*	*die Häuser*
f	Familie	wer?	die (eine) Familie	die Familien
m	Tisch	was?	der (ein) Tisch	die Tische
m	Laden	was?	der (ein) Laden	die Läden
f	Stadt	was?	die (eine) Stadt	die Städte
m	Lehrer	wer?	der (ein) Lehrer	die Lehrer
n	Land	was?	das (ein) Land	die Länder
n	Auto	was?	das (ein) Auto	die Autos
f	Welt	was?	die (eine) Welt	die Welten
f	Verkäuferin	wer?	die (eine) Verkäuferin	die Verkäuferinnen
m	Urlaub	was?	der (ein) Urlaub	die Urlaube
n	Fahrrad	was?	das (ein) Fahrrad	die Fahrräder
m	Bus	was?	der (ein) Bus	die Busse
f	Mutter	wer?	die (eine) Mutter	die Mütter
f	Straße	was?	die (eine) Straße	die Straßen
n	Geschäft	was?	das (ein) Geschäft	die Geschäfte
f	Tür	was?	die (eine) Tür	die Türen
m	Torwart	wer?	der (ein) Torwart	die Torwarte

Seite 14 **Aufgabe 2:** ✶

b) Wer oder was ist super? Das Wetter (n/Sing.) – die Wetter (Plur.)

Wer oder was lacht? die Sonne (femininum/Singular) – die Sonnen (Plural). Wer oder was trällert? die Vögel (maskulinum/Plural) – der Vogel (Singular). Wer oder was guckt? das Mädchen (neutrum/Singular) – die Mädchen (Plural). Wer oder was wartet? der Hund (maskulinum/Singular) – die Hunde (Plural). Wer oder was kommt gefahren? ein Auto (neutrum/Singular) – die Autos (Plural). Wer oder was weicht zurück? die Fußgänger (maskulinum/Plural) – der Fußgänger (Singular). Wer oder was ruft? die Mutter (femininum/singular) – die Mütter (Plural). Wer oder was schließt das Fenster? das Mädchen (neutrum/Singular) – die Mädchen (Plural). Wer oder was ist gedeckt? der Tisch (maskulinum /Singular) – die Tische (Plural). Wer oder was duftet? die Brötchen

Die Lösungen

3 **Seite 14 Aufgabe 2:** ✶

(neutrum/Plural) – das Brötchen. Wer oder was beginnt? ein Sonntag (maskulinum/Singular) – die Sonntage (Plural). Wer oder was guckt brummig? ihre Schwester (femininum/Singular) – die Schwestern (Plural). Wer oder was ist gelandet? die Marmelade (femninum/Singular) – die Marmeladen (Plural). Wer oder was kann sich ein Lachen nicht verkneifen? die Familie (femininum/Singular) – die Familien (Plural). Wer oder was nimmt es mit Humor? die Schwester (femininum/Singular) – die Schwestern (Plural). Wer oder was muss in die Wäsche? das Shirt (neutrum/Singular) – die Shirts (Plural). Wer oder was kann beginnen? der Sonntag (maskulinum/Singular) – die Sonntage (Plural).

Seite 14 Aufgabe 3: ✶

Individuelle Lösung, z. B.: Heute ist Martin ziemlich nervös. Aber nicht nur er - die Mitschüler sind ebenfalls aufgeregt, denn heute schreiben sie eine Mathearbeit. Genauer gesagt: eine Wiederholungsarbeit, denn die letzte Arbeit war zu schlecht ausgefallen. Gut gelaunt kommt Frau Sprenger in die Klasse und teilt die Hefte aus. Als sein Heft vor ihm liegt, schaut Martin vorsichtig in sein Schlampermäppchen. Alles klar - der Spickzettel liegt gut versteckt unter den Stiften. Ein erster Blick auf das Arbeitsblatt und sein Herz schlägt höher: Die Lösungen dürften ja machbar sein. Er und sein Freund Ivan haben genau diese Art von Aufgaben geübt. Und dann ist da ja noch sein Spickzettel. Martin will gerade beginnen, da sagt Frau Sprenger: „Alle Bücher und Mäppchen wandern jetzt bitte vom Tisch in eure Taschen."
Die Schüler folgen der Anweisung maulend. Martin ist froh, dass er und Ivan vorher geübt haben. Diese Arbeit sollte jetzt auch ohne Spickzettel zu schaffen sein.

---

4 **Seite 15 Aufgabe 1:** ⊙

Fütterung der Raubtiere
Murat nimmt den Schlüssel des Kaninchenstalles vom Haken und rennt in den Garten. Er springt über den Zaun des Gemüsebeetes. Am Rand des Gartenteiches rennt er nach links, weicht den Zweigen des Kirschbaumes aus und stoppt vor dem Stall, dessen Tür mit einem Vorhängeschloss gesichert ist. Am Ring des Schlüsselbundes sucht er den richtigen Schlüssel, mit dem er das Schloss der Tür öffnet. Mucki, sein Kaninchen, und Löffelchen, das Kaninchen seiner Schwester, schnuppern am Grün der Möhren, die Murat in der Hand hält. Zuerst bekommt das Kaninchen seiner Schwester frisches Wasser. Der Napf seines Tieres ist umgekippt und muss gereinigt werden. Murat gießt den Rest des Wassers danach hinein, verschließt die Tür des Stalles wieder sorgfältig und geht zufrieden wieder ins Haus seines Opas.

Seite 16 Aufgabe 2: ⊙

a)

R	M	J	U	N	G	E	O	L	W	H	W	P
E	B	I	T	H	E	V	O	H	M	A	F	U
H	A	H	H	T	N	B	C	U	C	S	K	Q
E	K	B	A	U	O	X	V	N	O	E	C	T
P	Z	F	L	J	W	V	L	D	Y	N	B	J
W	U	I	S	N	X	L	T	H	K	R	R	E
E	P	M	B	O	F	V	W	I	E	S	E	L
V	Y	U	A	Y	W	Q	N	O	G	B	V	M
P	C	F	N	D	A	A	U	Q	Y	O	N	A
A	A	M	D	U	L	P	X	L	E	I	N	E
R	H	W	O	B	D	I	J	P	D	D	G	H

Seite 16 Aufgabe 2: ⊙

b)

Nomen	Genitiv Singular	Genitiv Plural
der Junge	*des Jungen*	*der Jungen*
die Rehe	des Rehs	der Rehe
der Hund	des Hundes	der Hunde
das Halsband	des Halsbandes	der Halsbänder
die Hasen	des Hasen	der Hasen
die Wiese	der Wiese	der Wiesen
der Wald	des Waldes	der Wälder
die eine Leine	der Leine	der Leinen

Seite 16 Aufgabe 3: ⊙

a) & b) einer Frau – ~~einer Mädchen~~ (eines Mädchens) – eines Gebetes – ~~eine Maus~~ (einer Maus) – ~~der Männers~~ (der Männer) – ~~des Auto~~ (des Autos) – ~~des Kinds~~ (des Kindes) – ~~der Kinders~~ (der Kinder) – eines Mannes – ~~den Autos~~ (der Autos)

Die Lösungen

4

Seite 17 Aufgabe 1: !

Fütterung der Raubtiere

Murat nimmt den Schlüssel des Kaninchenstalles vom Haken und rennt in den Garten. Er springt über den Zaun des Gemüsebeetes. Am Rand des Gartenteiches rennt er nach links, weicht den Zweigen des Kirschbaumes aus und stoppt vor dem Stall, dessen Tür mit einem Vorhängeschloss gesichert ist. Am Ring des Schlüsselbundes sucht er den richtigen Schlüssel, mit dem er das Schloss der Tür öffnet. Mucki, sein Kaninchen und Löffelchen, das Kaninchen seiner Schwester, schnuppern am Grün der Möhren, die Murat in der Hand hält. Zuerst bekommt das Kaninchen seiner Schwester frisches Wasser. Der Napf seines Tieres ist umgekippt und muss gereinigt werden. Murat gießt den Rest des Wassers danach hinein, verschließt die Tür des Stalles wieder sorgfältig und geht zufrieden wieder ins Haus seines Opas.

Seite 17 Aufgabe 2: !

• Über wessen Zaun springt er? Er springt über den Zaun des Gemüsebeetes.
• An wessen Rand rennt er nach links? Am Rand des Gartenteiches rennt er nach links.
• Wessen Zweigen weicht er aus? Er weicht den Zweigen des Kirschbaumes aus.
• An wessen Ring sucht er den richtigen Schlüssel? Am Ring des Schlüsselbundes sucht er den richtigen Schlüssel.
• Wessen Schloss öffnet er? Er öffnet das Schloss der Tür. • Wessen Kaninchen ist Löffelchen? Es ist das Kaninchen seiner Schwester. • An wessen Grün schnuppern die Kaninchen? Sie schnuppern am Grün der Möhren. • Wessen Kaninchen bekommt frisches Wasser? Das Kaninchen seiner Schwester bekommt frisches Wasser.
• Wessen Napf ist umgekippt? Der Napf seines Tieres ist umgekippt. • Wessen Rest gießt Murat hinein? Murat gießt den Rest des Wassers hinein. • Wessen Tür verschließt er? Er verschließt die Tür des Stalles. • In wessen Haus geht er? Er geht zufrieden wieder ins Haus seines Opas.

Seite 18 Aufgabe 3: !

R	M	J	U	N	G	E	O	L	W	H	W	P
E	B	I	T	H	E	V	O	H	M	A	F	U
H	A	H	H	T	N	B	C	U	C	S	K	Q
E	K	B	A	U	O	X	V	N	O	E	C	T
P	Z	F	L	J	W	V	L	D	Y	N	B	J
W	U	I	S	N	X	L	T	H	K	R	R	E
E	P	M	B	O	F	V	W	I	E	S	E	L
V	Y	U	A	Y	W	Q	N	O	G	B	V	M
P	C	F	N	D	A	A	U	Q	Y	O	N	A
A	A	M	D	U	L	P	X	L	E	I	N	E
R	H	W	O	B	D	I	J	P	D	D	G	H

Nomen	Genitiv Singular	Genitiv Plural
der/ein Junge	*des/eines Jungen*	*der Jungen*
die Rehe/Rehe	des/eines Rehs	der Rehe
der/ein Hund	des/eines Hundes	der Hunde
das/ein Halsband	des/eines Halsbandes	der Halsbänder
die Hasen/Hasen	des/eines Hasen	der Hasen
die/eine Wiese	der/einer Wiese	der Wiesen
der/ein Wald	des/eines Waldes	der Wälder
die/eine Leine	der/einer Leine	der Leinen

Seite 19 Aufgabe 4: !

Der Jagdhund

Jürgen geht mit dem Hund seines Freundes spazieren. Auf einer Wiese lugen die Ohren mehrerer Hasen aus dem hohen Gras heraus. Als sie das Gebell des Hundes hören, flüchten die Hasen in das Unterholz des Waldes. Die Schnur der Leine spannt sich, als der Hund die Fährte der Hasen aufnimmt. Jetzt sind alle Kräfte des Jungen gefordert, um nicht umgerissen zu werden. Fast wäre der Kopf des Hundes aus der Schlaufe seines Halsbandes herausgerutscht, doch das beherzte Eingreifen des Jungen verhindert das. Endlich bleibt der Hund stehen. Aber nur, um die Witterung einiger Rehe aufzunehmen. Und schon will er wieder losrennen. Jürgen ist sich sicher: Das war der letzte Ausflug, den er mit dem Hund seines Freundes gemacht hat.

Die Lösungen

4 **Seite 19 Aufgabe 5:**

eines Gartenteiches, eines Gemüsebeetes, eines Kaninchenstalles, eines Kirschbaumes, einer Möhre, eines Opas, eines Schlüsselbundes, einer Schwester, eines Stalles, eines Tieres, einer Tür, eines Wassers

---

Seite 20 Aufgabe 1:

R	M	J	U	N	G	E	O	L	W	H	W	P
E	B	I	T	H	E	V	O	H	M	A	F	U
H	A	H	H	T	N	B	C	U	C	S	K	Q
E	K	B	A	U	O	X	V	N	O	E	C	T
P	Z	F	L	J	W	V	L	D	Y	N	B	J
W	U	I	S	N	X	L	T	H	K	R	R	E
E	P	M	B	O	F	V	W	I	E	S	E	L
V	Y	U	A	Y	W	Q	N	O	G	B	V	M
P	C	F	N	D	A	A	U	Q	Y	O	N	A
A	A	M	D	U	L	P	X	L	E	I	N	E
R	H	W	O	B	D	I	J	P	D	D	G	H

Nomen	Genitiv Singular	Genitiv Plural
der/ein Junge	*des/eines Jungen*	*der Jungen*
die Rehe/Rehe	des/eines Rehs	der Rehe
der/ein Hund	des/eines Hundes	der Hunde
das/ein Halsband	des/eines Halsbandes	der Halsbänder
die Hasen/Hasen	des/eines Hasen	der Hasen
die/eine Wiese	der/einer Wiese	der Wiesen
der/ein Wald	des/eines Waldes	der Wälder
die/eine Leine	der/einer Leine	der Leinen

Seite 21 Aufgabe 2:

Der Jagdhund

Jürgen geht mit dem Hund seines alten Freundes spazieren. Auf einer Wiese lugen die Ohren mehrerer kleiner Hasen aus dem hohen Gras heraus. Als sie das Gebell des großen Hundes hören, flüchten die Hasen in das Unterholz des nahen Waldes. Die Schnur der langen Leine spannt sich, als der Hund die Fährte der flinken Hasen aufnimmt. Jetzt sind alle Kräfte des zierlichen Jungen gefordert, um nicht umgerissen zu werden. Fast wäre der Kopf des riesigen Hundes aus der Schlaufe seines lockeren Halsbandes herausgerutscht, doch das beherzte Eingreifen des nervösen Jungen verhindert das. Endlich bleibt der Hund stehen. Aber nur, um die Witterung einiger scheuer Rehe aufzunehmen. Und schon will er wieder losrennen. Jürgen ist sich sicher: Das war der letzte Ausflug, den er mit dem Hund seines besten Freundes gemacht hat.

Seite 21 Aufgabe 3:

Verwandtschaft

Maria, die Freundin meiner Schwester, möchte anlässlich ihres Geburtstages die Verwandtschaft einladen. Sie überlegt: Der Vater meines Vaters ist mein Großvater (Opa). Die Mutter meiner Mutter ist meine Großmutter (Oma). Soweit ok. Mein anderer Opa ist der Vater meiner Mutter. Und die Mutter meines Vaters ist auch meine Oma. Aber jetzt? Die Brüder und Schwestern meiner Eltern sind meines Wissens nach meine Onkel und meine Tanten. Doch wie nennt man deren Kinder? Und wie nennt man die Kinder meines Bruders? Und wenn ich eines Tage groß bin und heirate: Wie nennt man dann die Eltern meines Ehepartners? Wegen dieses Problems fasst Maria kurzerhand einen Entschluss: Sie wird ihren Geburtstag am Mittwoch nächster Woche nur mit ihren Freunden und den Freunden ihrer Freunde feiern. Dann hat sich das Lernen des Stammbaumes nämlich erübrigt.

Seite 21 Aufgabe 4: ⊙

a) Schuhmacher, Schneider, Maurer, Lehrer, Pfarrer, Kellner, Postbote, Bankkauffrau, Arzthelferin, Soldatin

b) eines Schuhmachers, eines Schneiders, eines Maurers, eines Lehrers, eines Pfarrers, eines Kellners, eines Postboten, einer Bankkauffrau, einer Arzthelferin, einer Soldatin

---

5 **Seite 22 Aufgabe 1:**

Nomen	Artikel	Dativ Singular	Dativ Plural
Hamburger (m)	der / ein	dem Hamburger	den Hamburgern
Joghurt (m)	der / ein	dem Joghurt	den Joghurts
Milch (f)	die / eine	der Milch	-
Schokolade (f)	die /eine	der Schokolade	den Schokoladen
Wurst (f)	die / eine	der Wurst	den Würsten
Brot (n)	das / ein	dem Brot	den Broten
Käse (m)	der / ein	dem Käse	-
Schnitzel (n)	das / ein	dem Schnitzel	den Schnitzeln
Kartoffel (f)	die / eine	der Kartoffel	den Kartoffeln
Saft (m)	der / ein	dem Saft	den Säften

Die Lösungen

Seite 22 **Aufgabe 2:** 

a) Sandra schenkt ihrer Mutter einen Blumenstrauß. **b)** Mehmed hilft seinem Vater. **c)** Die Hellseherin verrät der alten Frau die Zukunft. **d)** Die Rucksacktouristin gibt der Bedienung das letzte Geld.

Seite 23 **Aufgabe 3:**

Das Geschenk

„Ich wünsche dir alles Gute zu deinem Geburtstag." Chantal überreicht ihrem Freund ein kleines Päckchen. Er nimmt es ihr aus der Hand und öffnet die Verpackung. Unter dem Papier kommt ein Kästchen zum Vorschein. Ihm klopft das Herz bis zu dem Hals. Chantal hat ihm noch nie ein Geschenk gemacht. Na ja - sie sind ja auch erst seit dem Schulausflug zusammen. Mit zitternden Händen öffnet er das Kästchen und sieht in ihm einen Umschlag. Was mag da wohl drin sein? Chantal gibt ihm einen Kuss auf die Wange. „Ich schenke dir 2 Eintrittskarten für das Musical, von dem du schon immer geschwärmt hast" „Super!", jubelt er. „Dahin fahre ich dann mit meinem Freund Micha !" In seiner Freude merkt er nicht, dass er Chantal mit seiner Bemerkung traurig gemacht hat. Eine kleine Träne kullert sogar aus ihrem Augenwinkel.

Seite 23 **Aufgabe 4:**

Natascha wohnt bei ihren Eltern in einem kleinen Dorf. Sie sieht nach einem Bienenstich schlimm entstellt aus. Sie schickt ihrem Freund deshalb ein älteres Foto von ihr. Natascha denkt: „Dieser kleine Schwindel tut niemandem weh – oder? In einigen Tagen sieht man ohnehin nichts mehr."

Seite 24 **Aufgabe 1:** 

Nomen	Artikel	Dativ Singular	Dativ Plural
Hamburger (m)	der / ein	dem Hamburger	den Hamburgern
Joghurt (m)	der / ein	dem Joghurt	den Joghurts
Milch (f)	die / eine	der Milch	-
Schokolade (f)	die /eine	der Schokolade	den Schokoladen
Wurst (f)	die / eine	der Wurst	den Würsten
Brot (n)	das / ein	dem Brot	den Broten
Käse (m)	der / ein	dem Käse	-
Schnitzel (n)	das / ein	dem Schnitzel	den Schnitzeln
Kartoffel (f)	die / eine	der Kartoffel	den Kartoffeln
Saft (m)	der / ein	dem Saft	den Säften

Seite 24 **Aufgabe 2:** 

Das Geschenk

„Ich wünsche dir alles Gute zu deinem Geburtstag." Chantal überreicht ihrem Freund ein kleines Päckchen. Er nimmt es ihr aus der Hand und öffnet die Verpackung. Unter dem Papier kommt ein Kästchen zum Vorschein. Ihm klopft das Herz bis zu dem Hals. Chantal hat ihm noch nie ein Geschenk gemacht. Na ja - sie sind ja auch erst seit dem Schulausflug zusammen. Mit zitternden Händen öffnet er das Kästchen und sieht in ihm einen Umschlag. Was mag da wohl drin sein? Chantal gibt ihm einen Kuss auf die Wange. „Ich schenke dir 2 Eintrittskarten für das Musical, von dem du schon immer geschwärmt hast." „Super!", jubelt er. „Dahin fahre ich dann mit meinem Freund Micha !" In seiner Freude merkt er nicht, dass er Chantal mit seiner Bemerkung traurig gemacht hat. Eine kleine Träne kullert sogar aus ihrem Augenwinkel.

Seite 25 **Aufgabe 1:** 

Nomen	Artikel	Dativ Singular	Dativ Plural
Hamburger (m)	der / ein	dem Hamburger	den Hamburgern
Joghurt (m)	der / ein	dem Joghurt	den Joghurts
Milch (f)	die / eine	der Milch	-
Schokolade (f)	die /eine	der Schokolade	den Schokoladen
Wurst (f)	die / eine	der Wurst	den Würsten
Brot (n)	das / ein	dem Brot	den Broten
Käse (m)	der / ein	dem Käse	-
Schnitzel (n)	das / ein	dem Schnitzel	den Schnitzeln
Kartoffel (f)	die / eine	der Kartoffel	den Kartoffeln
Saft (m)	der / ein	dem Saft	den Säften

Die Lösungen

5 **Seite 25** **Aufgabe 2:** ✶

Das Geschenk

„Ich wünsche dir alles Gute zu deinem vierzehnten Geburtstag." Chantal überreicht ihrem Freund ein kleines Päckchen. Er nimmt es ihr aus der Hand und öffnet die Verpackung. Unter dem bunten Papier kommt ein Kästchen zum Vorschein. Ihm klopft das Herz bis zu dem Hals. Chantal hat ihm noch nie ein Geschenk gemacht. Na ja – sie sind ja auch erst seit dem letzten Schulausflug zusammen. Mit zitternden Händen öffnet er das Kästchen und sieht in ihm einen Umschlag. Was mag da wohl drin sein? Chantal gibt ihm einen Kuss auf die Wange. „Ich schenke dir 2 Eintrittskarten für das Musical, von dem du schon immer geschwärmt hast." „Super!", jubelt er. „Dahin fahre ich dann mit meinem besten Freund Micha!" In seiner großen Freude merkt er nicht, dass er Chantal mit seiner unüberlegten Bemerkung traurig gemacht hat. Eine kleine Träne kullert sogar aus ihrem Augenwinkel.

6 **Seite 26/27** **Aufgabe 1:** ⊙

a)

							H	X							
							I	G							
							V	E							
						B	N	G	Q						
						A	E	N	L						
U	F	O	U	L	V	S	U	E	E	Y	P	U	N	K	T
		E	R	U	U	K	C	R	S	U	K	J	W		
			F	W	E	E	Q	Y	V	S	R	W			
				F	P	T	K	K	K	I	D				
					O	B	P	O	E	E					
				W	S	A	N	R	P	G	L				
				U	X	L	S	B	P	G	X				
				R	P	L			W	R	R				
			B	F	O					F	J	N			
			Q									N			

b) Basketball, Gegner, den Punkt, den Sieg, Foul, den Korb, den Korb, das Foul, den Wurf, den Basketball

c) Basketball

d)

Nominativ	Akkusativ Singular	Akkusativ Plural
Basketball	den / einen Basketball	die Basketbälle
Gegner	den / einen Gegner	die Gegner
Punkt	den / einen Punkt	die Punkte
Sieg	den / einen Sieg	die Siege
Foul	das / ein Foul	die Fouls
Wurf	den / einen Wurf	die Würfe
Korb	den / einen Korb	die Körbe

Seite 27 **Aufgabe 2:** 

Geschafft!

Frau Sprenger hatte einen sehr anspruchsvollen Test für ihre Klasse zusammengestellt. Es ging um einen Aufsatz zu vielen politischen Fragen. Ohne gewissenhafte Vorbereitung hätte Maria den Test nie bestanden. Ihr Freund stellte sich jedoch für einen Crash-Kurs durch die Politik der letzten Jahre zur Verfügung. Sie diskutierten besonders über die vielen Menschen, die gerade weltweit auf der Flucht waren. Gemeinsam beleuchteten sie dieses Problem von allen Seiten. Ihr Freund hatte den absoluten Durchblick. Deshalb schaffte Maria den Test ohne große Probleme.

Die Lösungen

6 **Seite 28 Aufgabe 1:** !

a) Der Schulweg

Murat packt seine Schultasche. Erst sucht er einen Bleistift, seinen Füller und ein Lineal. Danach sein Heft und sein Schulbuch. Einen Apfel, sein Pausenbrot und ein Fruchtsaftgetränk stopft er ebenfalls noch in seinen Tornister. Dann zieht Murat seine Jacke an, nimmt den Schlüssel vom Haken und zieht die Haustür zu. Draußen schließt er sein Fahrrad auf, packt den Tornister auf den Gepäckträger und radelt gut gelaunt durch den Berufsverkehr. An der Kreuzung trifft er seinen Freund Paul, der ebenfalls zur Schule fährt. Die beiden fahren zusammen weiter. Als sie die Straße vor der Schule überqueren wollen, übersehen sie fast ein Auto, das viel zu schnell um die Ecke kommt. Paul zieht seinen Freund noch gerade rechtzeitig zurück. „Puuh – das war knapp!" Ohne seinen Freund würde Murat jetzt wohl den Weg zum Krankenhaus antreten müssen. Während sie noch versuchen, den Schock zu überwinden, hören sie die Schulglocke. Den Rest des Weges legen sie schnell zurück, schieben die Fahrräder in den Fahrradhof und eilen in das Gebäude, denn auf einen Tadel von Herrn Wegener für das Zuspätkommen sind sie nicht besonders scharf.

b)

Im Text	Nominativ	Akkusativ Singular	Akkusativ Plural
seine Schultasche	*die Schultasche*	*die Schultasche*	*die Schultaschen*
einen Bleistift	der Bleistift	den Bleistift	die Bleistifte
seinen Füller	der Füller	den Füller	die Füller
ein Lineal	das Lineal	das Lineal	die Lineale
sein Heft	das Heft	das Heft	die Hefte
sein Schulbuch	das Schulbuch	das Schulbuch	die Schulbücher
einen Apfel	der Apfel	den Apfel	die Äpfel
sein Pausenbrot	das Pausenbrot	das Pausenbrot	die Pausenbrote
ein Fruchtsaftgetränk	das Fruchtsaftgetränk	das Fruchtsaftgetränk	die Fruchtsaftgetränke
seinen Tornister	der Tornister	den Tornister	die Tornister
seine Jacke	die Jacke	die Jacke	die Jacken
den Schlüssel	der Schlüssel	den Schlüssel	die Schlüssel
die Haustür	die Haustür	die Haustür	die Haustüren
sein Fahrrad	das Fahrrad	das Fahrrad	die Fahrräder
den Tornister	der Tornister	den Tornister	die Tornister
den Gepäckträger	der Gepäckträger	den Gepäckträger	die Gepäckträger
den Berufsverkehr	der Berufsverkehr	den Berufsverkehr	

Seite 29 Aufgabe 1: ✶

a)

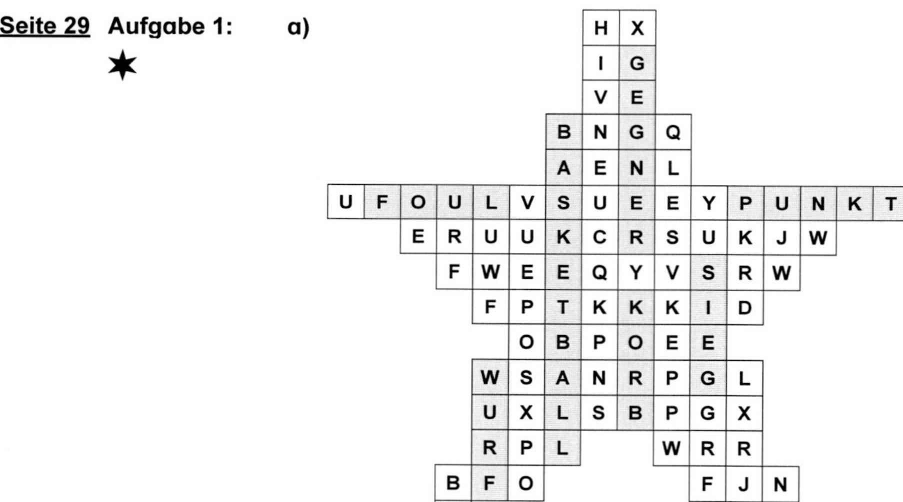

Seite 29 Aufgabe 1: ✶

b) Murat und Michael spielen unheimlich gerne Basketball. Beide spielen im Verein. Und heute haben sie einen besonders harten Gegner. Es geht um den Aufstieg und sie brauchen die Punkte ganz dringend. Mit einem Sieg wäre die Meisterschaft nämlich sicher. Kurz vor Ende des letzten Viertels führt der Gegner mit 2 Punkten. War es das schon? Michael begeht ein taktisches Foul, um die Uhr zu stoppen. Es sind noch 5 Sekunden zu spielen. Und der Gegner trifft den Korb nur einmal. 3 Punkte Rückstand.
Im Gegenzug setzt Murat zu einem Wahnsinnsdreier an. Der Basketball findet den Weg in den Korb und Murat wird bei dem Wurf auch noch gefoult.
Es steht unentschieden. Und Murat bekommt für das Foul auch noch 1 Freiwurf. Er konzentriert sich, trippelt den Basketball 3x auf den Boden und...? Unter dem Jubel der Zuschauer prallt der Ball auf den Ring des Korbes, springt hoch und fällt dann hinein. Der Sieg ist geschafft.

Die Lösungen

7

Seite 30 **Aufgabe 1:** ⊙

Die Leiter steht **an dem** Baum. Ich stelle die Leiter **an den** Baum. Das Buch liegt **auf dem** Tisch. Ich lege das Buch **auf den** Tisch. Der Teppich liegt **unter dem** Tisch. Ich lege den Teppich **unter den** Tisch. Die Lampe hängt **über dem** Tisch. Ich hänge die Lampe **über den** Tisch. Die CD liegt **hinter dem** Radio. Ich lege die CD **hinter das** Radio. Die CD liegt **vor dem** Radio. Ich lege die CD **vor das** Radio. Die CD liegt **neben dem** Radio. Ich lege die CD **neben das** Radio. Der Stift liegt **zwischen den** Büchern. Ich lege den Stift **zwischen die** Bücher. Der Saft ist **in dem** Glas. Ich gieße den Saft **in das** Glas.

Seite 30 **Aufgabe 2:** ⊙

Was tut man?	Präposition	Dativ	Akkusativ
sitzen, Stuhl	*auf*	*auf dem Stuhl sitzen*	
warten, Laterne	unter	unter der Laterne warten	
hängen, Haken	an	an dem Haken hängen	an den Haken hängen
gehen, Brücke	über		über die Brücke gehen
stehen, Theke	hinter	hinter der Theke stehen	
springen, Pfütze	in		in die Pfütze springen
spannen, Kutsche	vor		vor die Kutsche spannen
sitzen, Stühle	zwischen	zwischen den Stühlen sitzen	
hängen, Bilder	neben	neben den Bildern hängen	neben die Bilder hängen

Seite 31 **Aufgabe 1:** !

Festival-Sommer

Murat, Norbert, Tim, Manuela, Jasmin, Karin und Heike sind auf **dem größten Open-Air-Festival (Dat.)** der Region. Ok, **die absoluten DJ-Superstars (Akk.)** wie Avicii, Calvin Harris oder David Guetta bekommen sie bei **diesem Event (Dat.)** nicht zu sehen, aber Größen wie Paul van Dyk und Robin Schulz sind ja auch nicht zu verachten.

Die sieben Freunde sind seit Jahren eine feste Clique. Gemeinsam waren sie in **einem Jugendlager (Dat.)**, gemeinsam sind sie für ein Wochenende zum Skilaufen gefahren. In der Schule werden sie nur „Die glorreichen 7" genannt.

Und jetzt sind sie gemeinsam hier. Es ist ihr erstes Open-Air-Festival. Allerdings meint es der Wettergott nicht allzu gut mit **dem Veranstalter (Dat.)** und **seinen Gästen (Dat.)**. Dicke, schwarze Wolken hängen über **dem Gelände (Dat.)**. In der Ferne grummelt ein Gewitter. „Ich hole uns noch frische Getränke", meint Tim und verschwindet in Richtung Getränkeausgabe. Kaum ist er zurück, da prasselt auch schon der Regen nieder. Passenderweise spielt Robin Schulz gerade **einen großen Hit (Akk.)**. „Sun Goes Down" dröhnt es aus **den Boxen (Dat.)**. „Wieso hast du eigentlich Getränke geholt?", brüllt Murat gegen die Bässe an. „So wie das gerade schüttet, wären die Becher auch so ganz schnell voll geworden!", grinst er. „Stimmt! Jetzt fehlt nur noch die passende Lichtshow!" Als ob es sein Stichwort gewesen wäre, schickt der Wettergott **einen grellen Blitz (Akk.)** in **einen Bühnenmasten (Akk.)** – gefolgt von **einem fetten Knall (Dat.)**. Und dann wird es schlagartig dunkel und still. Anstelle der Musik und der Scheinwerfer gibt es nur noch Blitz und Donner. „Sun goes down", meint Heike und nimmt **einen großen Schluck (Akk.)** aus **ihrem Becher (Dat.)**. Nach etwa 30 Minuten ist der ganze Spuk vorbei, das Flutlicht geht wieder an und Robin Schulz spielt **seinen Welthit (Akk.)** „Waves".

„Waves? Na ja – ganz so schlimm ist das Wetter ja zum Glück doch nicht", findet Jasmin und tanzt weiter **im knöcheltiefen Schlamm (Dat.)**.

Seite 32 **Aufgabe 1:** 

Festival-Sommer

Murat, Norbert, Tim, Manuela, Jasmin, Karin und Heike sind auf **dem größten Open-Air-Festival (Dat.)** der Region. Ok, **die absoluten DJ-Superstars (Akk.)** wie Avicii, Calvin Harris oder David Guetta bekommen sie bei **diesem Event (Dat.)** nicht zu sehen, aber Größen wie Paul van Dyk und Robin Schulz sind ja auch nicht zu verachten.

Die sieben Freunde sind seit Jahren eine feste Clique. Gemeinsam waren sie in **einem Jugendlager (Dat.)**, gemeinsam sind sie für ein Wochenende zum Skilaufen gefahren. In der Schule werden sie nur „Die glorreichen 7" genannt.

Und jetzt sind sie gemeinsam hier. Es ist ihr erstes Open-Air-Festival. Allerdings meint es der Wettergott nicht allzu gut mit **dem Veranstalter (Dat.)** und **seinen Gästen (Dat.)**. Dicke, schwarze Wolken hängen über **dem Gelände (Dat.)**. In der Ferne grummelt ein Gewitter. „Ich hole uns noch frische Getränke", meint Tim und verschwindet in Richtung Getränkeausgabe. Kaum ist er zurück, da prasselt auch schon der Regen nieder.

Die Lösungen

Seite 32 Aufgabe 1:

Passenderweise spielt Robin Schulz gerade **einen seiner großen Hits (Akk.)**. „Sun Goes Down" dröhnt es aus **den Boxen (Dat.)**. „Wieso hast du eigentlich Getränke geholt?", brüllt Murat gegen die Bässe an. „So wie das gerade schüttet, wären die Becher auch so ganz schnell voll geworden!", grinst er. „Stimmt! Jetzt fehlt nur noch die passende Lichtshow!" Als ob es sein Stichwort gewesen wäre, schickt der Wettergott **einen grellen Blitz (Akk.)** in **einen der Bühnenmasten (Akk.)** – gefolgt von **einem fetten Knall (Dat.)**. Und dann wird es schlagartig dunkel und still. Anstelle der Musik und der Scheinwerfer gibt es nur noch Blitz und Donner. „Sun goes down", meint Heike und nimmt **einen großen Schluck (Akk.)** aus **ihrem Becher (Dat.)**. Nach etwa 30 Minuten ist der ganze Spuk vorbei, das Flutlicht geht wieder an und Robin Schulz spielt **seinen Welthit (Akk.)** „Waves".

„Waves? Na ja – ganz so schlimm ist das Wetter ja zum Glück doch nicht", findet Jasmin und tanzt weiter **im knöcheltiefen Schlamm (Dat.)**.

8 **Seite 33 Aufgabe 1:**

Disco

„Was hast du gesagt?" **Tom** (Nom.) hat nichts verstanden. **Die Bässe** (Nom.) hämmern **in sein Ohr** (Akk.) wie **ein Presslufthammer** (Nom.). Lisa reckt sich hoch und brüllt **Tom** (Dat.) ins Ohr: „Ich gehe mal eben **zu den Toiletten**!" (Dat.) Tom streckt zustim mend **den Daumen** (Akk.) in die Höhe und nickt. Kurz sieht er **seiner Freundin** (Dat.) nach, die **im Gewühl** (Dat.) verschwindet. Dann wendet er sich wieder **seinem Freund** (Dat.) Robert zu. Der hat sich **an einen Tisch** (Akk.) gelehnt und versucht, **mit 2 Mädels** (Dat.) **ein Gespräch** (Akk.) zu beginnen. Verstehen kann man nichts. Tom winkt **seinem Freund** (Dat.) kurz zu und dann gehen beide **an die Bar** (Akk.). Robert deutet **auf den Zapfhahn** (Akk.) und reckt **2 Finger** (Akk.) in die Luft. Der Typ **hinter der Bar** (Dat.) zapft **2 Bier** (Akk.). **Die beiden Freunde** (Nom.) drehen sich um und be trachten **die Leute** (Akk.). Sie sind **in einer Diskothek** (Dat.). **Der Dancefloor** (Nom.) ist schon rappelvoll, obwohl es erst 23:30 Uhr ist. Die 3 sind so früh hier, weil sie noch nicht volljährig sind. Und **im Jugendschutzgesetz** (Dat.) steht leider, dass sie ab 0:00 Uhr **öffentliche Veranstaltungen** (Akk.) verlassen müssen. Fast hätten sie **das Zeichen** (Akk.) **des Barmannes** (Gen.), dass **ihr Bier** (Nom.) fertig ist, übersehen. Robert holt **das Bier** (Akk.), gibt **dem Barmann** (Dat.) **die Verzehrskarte** (Akk.) und dreht sich grinsend um. Dabei rempelt er **ein Mädchen** (Akk.) an, welches **hinter ihm** (Dat.) steht. Ein halbes Glas Bier landet **auf ihrem Top** (Dat.). Robert entschuldigt sich **bei dem Mädchen** (Dat.), doch die lacht nur. „Klasse, dass du mir **ein Bier** (Akk.) aus geben wolltest! Aber doch nicht so…" Sie nimmt **ihm** (Dat.) **das volle Glas** (Akk.) aus der Hand, dreht sich um und verschwindet. Wie ein begossener Pudel steht **Robert** (Nom.) da. Tom kann sich vor Lachen kaum halten. Dann bestellt er **bei dem Barmann** (Dat.) 2 neue Bier. Lisa kommt zurück und sie genießen **die letzte halbe Stunde** (Akk.) in der Disco.

Seite 34 Aufgabe 2:

b)

Nominativ	Genitiv	Dativ	Akkusativ
		beim Springen	
Steffi	*des Stadtparks*	ihrer Freundin	einen Meter
die Halfpipe		auf dem Longboard	einen Flip
die Entscheidung		bei dem schönen Wetter	die Eisbecher
die Jungs		mit vollem Mund	unsere Sportgeräte
		mit den Inlinern	über den Vorschlag
		mit einem Longboard	alle Tricks
		in der Luft	an das Sportgerät
		beim Longboard	in den Skaterpark
		nach der Schule	große Augen
		mit vertauschten Sportgeräten	

Die Lösungen

8

Seite 35 Aufgabe 1: !

Disco

„Was hast du gesagt?“ Tom hat nichts verstanden. Die Bässe hämmern in sein Ohr wie ein Presslufthammer. Lisa reckt sich hoch und brüllt Tom ins Ohr: „Ich gehe mal eben zu den Toiletten!“ Tom streckt zustimmend den Daumen in die Höhe und nickt. Kurz sieht er seiner Freundin nach, die im Gewühl verschwindet. Dann wendet er sich wie der seinem Freund Robert zu. Der hat sich an einen Tisch gelehnt und versucht, mit 2 Mädels ein Gespräch zu beginnen. Verstehen kann man nichts. Tom winkt seinem Freund kurz zu und dann gehen beide an die Bar. Robert deutet auf den Zapfhahn und reckt 2 Finger in die Luft. Der Typ hinter der Bar nickt und zapft 2 Bier. Die beiden Freunde drehen sich um und betrachten die Leute. Sie sind in einer Diskothek. Der Dancefloor ist schon rappelvoll, obwohl es erst 23:30 Uhr ist. Die 3 sind so früh hier, weil sie noch nicht volljährig sind. Und im Jugendschutzgesetz steht leider, dass sie ab 0:00 Uhr öffentliche Veranstaltungen verlassen müssen. Fast hätten sie das Zeichen des Barmannes, dass ihr Bier fertig ist, übersehen. Robert holt das Bier, gibt dem Barmann die Verzehrkarte und dreht sich grinsend um. Dabei rempelt er ein Mädchen an, welches hinter ihm steht. Ein halbes Glas Bier landet auf ihrem Top. Robert entschuldigt sich bei dem Mädchen, doch die lacht nur. „Klasse, dass du mir ein Bier ausgeben wolltest! Aber doch nicht so…“ Sie nimmt ihm das volle Glas aus der Hand, dreht sich um und verschwindet. Wie ein begossener Pudel steht Robert da. Tom kann sich vor Lachen kaum halten. Dann bestellt er bei dem Barmann 2 neue Bier. Lisa kommt zurück und sie genießen die letzte halbe Stunde in der Disco.

Seite 36 Aufgabe 2: !

Steffi (Frage: wer? oder was? – Nom.) ist begeisterte Inlinerin. Immer, wenn sie etwas Zeit hat, fährt sie zum Skaterpark in der Nähe des Stadtparks (Frage: wessen? – Gen.). Besonders die Halfpipe (Frage: wer? oder was? – Nom.) hat es ihr angetan. Aber auch der Parcours mit den vielen unterschiedlichen Rampen ist Herausforderung pur. „Air“, „Grabs“ und „Spins“ hat sie schon ganz gut drauf, doch beim „Grinden“ schafft sie nie mehr als einen Meter (Frage: wen? oder was? – Akk.). Ihr großer Traum ist es aber, einmal einen Flip (Frage: wen? oder was? – Akk.) zu schaffen. „Ein Flip ist ein Salto beim Springen (Frage: bei wem? – Dat.) über eine Rampe“, erklärt sie ihrer Freundin Jana (Frage: wem? – Dat.), die lieber auf dem Longboard (Frage: auf wem? – Dat.) unterwegs ist. Die beiden Freundinnen sitzen bei dem schönen Wetter (Frage: bei wem? – Dat.) draußen vor einem Eiscafe und lassen sich die Eisbecher (Frage: wen? oder was? – Akk.) schmecken. „Wie wäre es, wenn wir unsere Sportgeräte (Frage: wen? oder was? – Akk.) mal tauschen würden?“, meint Jana mit vollem Mund (Frage: mit wem? oder was? – Dat.). Steffi denkt über den Vorschlag (Frage: wen? oder was? – Akk.) nach. Fast alle Tricks (Frage: wer? oder was? – Nom.), die man mit den Inlinern (Frage: mit wem? oder was? – Dat.) macht, kann man auch mit einem Longboard (Frage: mit wem? oder was? – Dat.) machen. Besonders die „Grabs“, bei denen man in der Luft (Frage: in wem? oder was? – Dat.) mit der Hand an das Sportgerät (Frage: an wen? oder was? – Akk.) greift, kommen beim Longboard (Frage: bei wem? oder was? – Dat.) bestimmt gut. Die beiden diskutieren noch eine Weile hin und her und dann steht die Entscheidung (Frage: wer? oder was? – Nom.): Morgen – direkt nach der Schule (Frage: nach wem? oder was? – Dat.) – geht es in den Skaterpark (Frage: in wen? oder was? – Akk.). Diesmal aber mit vertauschten Sportgeräten (Frage: mit wem? oder was? – Dat.). Sie wollen es einmal ausprobieren und die Jungs (Frage: wer? oder was? – Nom.) werden sicher große Augen (Frage: wen? oder was? – Akk.) machen.

Seite 37 Aufgabe 1:

Disco

„Was hast du gesagt?“ **Tom** (Nom.) hat nichts verstanden. **Die Bässe** (Nom.) hämmern **in sein Ohr** (Akk.) wie **ein Presslufthammer** (Nom.). Lisa reckt sich hoch und brüllt Tom ins Ohr: „Ich gehe mal eben zu **den Toiletten**!“ (Dat.) Tom streckt zustimmend den **Daumen** (Akk.) in die Höhe und nickt. Kurz sieht er seiner **Freundin** (Dat.) nach, die im **Gewühl** (Dat.) verschwindet. Dann wendet er sich wieder seinem **Freund** (Dat.) Robert zu. Der hat sich **an einen Tisch** (Akk.) gelehnt und versucht, mit 2 **Mädels** (Dat.) ein Gespräch zu beginnen. Verstehen kann man nichts. Tom winkt seinem **Freund** (Dat.) kurz zu und dann gehen beide an **die Bar** (Akk.). Robert deutet auf **den Zapfhahn** (Akk.) und reckt 2 **Finger** (Akk.) in die Luft. Der Typ hinter **der Bar** (Dat.) nickt und zapft 2 Bier. Die **beiden Freunde** (Nom.) drehen sich um und betrachten die Leute. Sie sind in **einer Diskothek** (Dat.). Der **Dancefloor** (Nom.) ist schon rappelvoll, obwohl es erst 23:30 Uhr ist. Die 3 sind so früh hier, weil sie noch nicht volljährig sind. Und im **Jugendschutzgesetz** (Dat.) steht leider, dass sie ab 0:00 Uhr öffentliche **Veranstaltungen** (Akk.) verlassen müssen.

Die Lösungen

Seite 37 **Aufgabe 1:**

Fast hätten sie das **Zeichen** (Akk.) des **Barmannes** (Gen.), dass ihr Bier fertig ist, übersehen. Robert holt das **Bier** (Akk.), gibt **dem Barmann** (Dat.) die **Verzehrskarte** (Akk.) und dreht sich grinsend um. Dabei rempelt er ein **Mädchen** (Akk.) an, welches hinter **ihm** (Dat.) steht. Ein halbes Glas Bier landet auf **ihrem Top** (Dat.). Robert entschuldigt sich bei **dem Mädchen** (Dat.), doch die lacht nur. „Klasse, dass du mir ein Bier ausgeben wolltest! Aber doch nicht so…" Sie nimmt **ihm** (Dat.) das **volle Glas** (Akk.) aus der **Hand** (Dat.), dreht sich um und verschwindet. Wie ein begossener Pudel steht **Robert** (Nom.) da. Tom kann sich vor Lachen kaum halten. Dann bestellt er bei **dem Barmann** (Dat.) 2 neue Bier. Lisa kommt zurück und sie genießen die **letzte halbe Stunde** (Akk.) in der Disco.

Seite 38 **Aufgabe 2:**

Inliner oder Longboard?

Steffi ist begeisterte Inlinerin. Immer, wenn sie etwas Zeit hat, fährt sie zum Skaterpark in der Nähe (der Stadtpark /Frage: wessen? – Gen.) des Stadtparks. Besonders (die Halfpipe /Frage: wer? oder was?–Nom.) die Halfpipe hat es ihr angetan. Aber auch der Parcours mit den vielen unterschiedlichen Rampen ist Herausforderung pur. „Air", „Grabs" und „Spins" hat sie schon ganz gut drauf, doch beim „Grinden" schafft sie nie mehr als (ein Meter /Frage: wen? oder was? – Akk.) einen Meter. Ihr großer Traum ist es aber, einmal (ein Flip /Frage: wen? oder was? – Akk.) einen Flip zu schaffen. „Ein Flip ist ein Salto bei (das Springen /Frage: wem? – Dat.) dem Springen über eine Rampe", erklärt sie (ihre Freundin Jana /Frage: wem? – Dat.) ihrer Freundin Jana, die lieber auf (das Longboard /Frage: wem? – Dat.) dem Longboard unterwegs ist. Die beiden Freundinnen sitzen bei (das schöne Wetter /Frage: wem? – Dat.) dem schönen Wetter draußen vor einem Eiscafe und lassen sich (die Eisbecher /Frage: wen? oder was? – Akk.) die Eisbecher schmecken. „Wie wäre es, wenn wir (unsere Sportgeräte /Frage: wen? oder was? – Akk.) unsere Sportgeräte mal tauschen würden?", meint Jana mit (voller Mund /Frage: wem? – Dat.) vollem Mund. Steffi denkt über (der Vorschlag /Frage: wen? oder was? – Akk.) den Vorschlag nach. Fast (alle Tricks /Frage: wen? oder was? – Akk.) alle Tricks, die man mit (die Inliner /Frage wem? – Dat.) den Inlinern macht, kann man auch mit (ein Longboard /Frage: wem? – Dat.) einem Longboard machen. Besonders die „Grabs", bei denen man in (die Luft /Frage: wem? – Dat.) der Luft mit der Hand an (das Sportgerät /Frage: wen? oder was? – Akk.) das Sportgerät greift, kommen bei (das Longboard /Frage: wem? – Dat.) dem Longboard bestimmt gut. Die beiden diskutieren noch eine Weile hin und her und dann steht (die Entscheidung /Frage: wer? oder was? – Nom.) die Entscheidung: Morgen – direkt nach (die Schule /Frage: wem? – Dat.) der Schule geht es in (der Skaterpark. /Frage: wen? – Akk.) den Skaterpark. Diesmal aber mit (vertauschte Sportgeräte /Frage wem? – Dat.) vertauschten Sportgeräten. Sie wollen es einmal ausprobieren und (die Jungs /Frage: wen oder was? Nom.) die Jungs werden sicher (große Augen /Frage: wen? oder was – Akk.) große Augen machen.

Seite 39 **Aufgabe 3:**

Freundschaft

Melanie (Nom.) und **Sarah** (Nom.) sitzen auf **einer Parkbank** (Dat.) unter hohen Bäumen. **Die beiden** (Nom.) sind beste Freundinnen. Und Melanie hat **ein Problem** (Akk.): Sarah hat seit neuestem **einen Freund** (Akk.) und deshalb **weniger Zeit** (Akk.) für sie. „Du kümmerst **dich** (Akk.) neuerdings kaum noch um **mich** (Akk.).", beschwert **Melanie** (Nom.) sich. „Ach, Meli! Wir leben doch nicht mehr **im neunzehnten Jahrhundert** (Dat.). In der heutigen Zeit kann man auch **mehrere Freunde** (Akk.) gleichzeitig haben. Und **du** (Nom.) bist und bleibst meine beste Freundin. Daran kann auch **Robin** (Nom.) nichts ändern."

Die beiden philosophieren über **den Begriff** (Akk.) Freundschaft.

„Ein Freund oder eine Freundin muss **dir** (Dat.) zuhören, mit **dir** (Dat.) lachen, mit dir weinen und mit dir träumen", findet **Sarah** (Nom.). Melanie sieht **das** (Akk.) etwas anders: „Eine gute Freundin muss immer für **dich** (Akk.) da sein, sie muss mit **dir** (Dat.) um die Häuser ziehen, sie darf nicht neugierig sein und sie muss helfen."

Nach endloser Diskussion einigen sie sich auf **einen Kompromiss** (Akk.): Ein wahrer Freund ist jemand, der alles stehen und liegen lässt und sofort bei **dir** (Dat.) ist, wenn du **ihn** (Akk.) brauchst.

„Melanies Freund ist eigentlich ganz ok", denkt Sarah.

Die Lösungen

9

Seite 40 Aufgabe 1:

Text	Frage(n)	Antwort(en)
Wer reitet so spät durch Nacht und Wind?	Er reitet durch was?	Er reitet durch Nacht und Wind.
Es ist der Vater mit seinem Kind	Wer ist es? Mit wem?	Es ist der Vater mit seinem Kind
Er hat den Knaben wohl in dem Arm	Wen hat er? Wo hat er ihn?	Er hat den Knaben in dem Arm.
Er fasst ihn sicher, er hält ihn warm	Wen hält er warm?	ihn hält er warm
„Mein Sohn, was birgst du so bang dein Gesicht?“	Was birgt er?	Er birgt sein Gesicht.
„Siehst, Vater, du den Erlkönig nicht?	Wen siehst du nicht?	Du siehst den Erlkönig nicht.
Den Erlenkönig mit Kron und Schweif?“	Den Erlkönig mit was?	Den Erlkönig mit Kron und Schweif
„Mein Sohn, es ist ein Nebelstreif.“	Was ist es?	Es ist ein Nebelstreif.

Seite 40 Aufgabe 2:

Nomen	Nominativ (Wer?)	Genitiv (Wessen?)	Dativ (Wem?)	Akkusativ (Wen?)
der Erlkönig	der Erlkönig	des Erlkönigs	dem Erlkönig	den Erlkönig
der Vater	der Vater	des Vaters	dem Vater	den Vater
ein Nebelstreif	ein Nebelstreif	eines Nebelstreifes	einem Nebelstreif	einen Nebelstreif
das Kind	das Kind	des Kindes	dem Kind	das Kind
der Knabe	der Knabe	des Knaben	dem Knaben	den Knaben

Seite 41 Aufgabe 1:

!

Es ist der Vater mit seinem Kind;
Frage 1: **Wer** ist es? — Antwort: Es ist **der Vater**.
Frage 2: Mit **wem**? — Antwort: Mit **seinem Kind**.
Er hat den Knaben wohl in dem Arm,
Frage 1: **Wen** hat er? — Antwort: Er hat **den Knaben**.
Frage 2: **Wo** hat er ihn? — Antwort: In **dem Arm**.
Er fasst ihn sicher, er hält ihn warm.
Frage: **Wen** hält er warm? — Antwort: Er hält **ihn** warm.
„Mein Sohn, was birgst du so bang dein Gesicht?“
Frage: **Was** birgt er? — Antwort: Er birgt **sein Gesicht**.
„Siehst, Vater, du den Erlkönig nicht?
Frage: **Wen** sieht er nicht? — Antwort: Er sieht **den Erlkönig** nicht.
Den Erlenkönig mit Kron und Schweif?“
Frage: Den Erlkönig mit **was**? — Antwort: Den Erlkönig **mit Kron und Schweif**.
„Mein Sohn, es ist ein Nebelstreif.“
Frage: **Was** ist es? — Antwort: Es ist **ein Nebelschweif**.

9 **Seite 41** **Aufgabe 2:**

!

Nomen	Nominativ (Wer?)	Genitiv (Wessen?)	Dativ (Wem?)	Akkusativ (Wen?)
der Erlkönig	der Erlkönig	des Erlkönigs	dem Erlkönig	den Erlkönig
der Vater	der Vater	des Vaters	dem Vater	den Vater
ein Nebelstreif	ein Nebelstreif	eines Nebelstreifes	einem Nebelstreif	einen Nebelstreif
das Kind	das Kind	des Kindes	dem Kind	das Kind
der Knabe	der Knabe	des Knaben	dem Knaben	den Knaben
die Nacht	die Nacht	der Nacht	der Nacht	die Nacht
das Gesicht	das Gesicht	des Gesichtes	dem Gesicht	das Gesicht

Seite 42 **Aufgabe 1:**

✶

Wer reitet so spät durch Nacht und Wind **(Akk.)**?
Es ist der Vater **(Nom.)** mit seinem Kind **(Dat.)**.
Er hat den Knaben **(Akk.)** wohl in dem Arm **(Dat.)**,
Er fasst ihn sicher, er hält ihn warm.

Mein Sohn, was birgst du so bang dein Gesicht **(Akk.)**?
Siehst Vater, du den Erlkönig **(Akk.)** nicht!
Den Erlenkönig mit Kron' und Schweif?
Mein Sohn, es ist ein Nebelstreif **(Nom.)**.

Dem Vater **(Dat.)** grauset's, er reitet geschwind,
Er hält in den Armen **(Dat.)** das ächzende Kind **(Akk.)**,
Erreicht den Hof **(Akk.)** mit Mühe und Not,
In seinen Armen **(Dat.)** das Kind **(Nom.)** war tot.

Seite 42 **Aufgabe 2:**

Nomen	Nominativ (Wer?)	Genitiv (Wessen?)	Dativ (Wem?)	Akkusativ (Wen?)
der Erlkönig	der Erlkönig	des Erlkönigs	dem Erlkönig	den Erlkönig
der Vater	der Vater	des Vaters	dem Vater	den Vater
ein Nebelstreif	ein Nebelstreif	eines Nebelstreifes	einem Nebelstreif	einen Nebelstreif
das Kind	das Kind	des Kindes	dem Kind	das Kind
der Knabe	der Knabe	des Knaben	dem Knaben	den Knaben
die Nacht	die Nacht	der Nacht	der Nacht	die Nacht
das Gesicht	das Gesicht	des Gesichtes	dem Gesicht	das Gesicht
der Sohn	der Sohn	des Sohnes	dem Sohn	den Sohn
die Burg	die Burg	der Burg	der Burg	die Burg